AF261591

ASSISTANCE PUBLIQUE

ET

DROIT AU TRAVAIL.

AVIGNON,

CHEZ OFFRAY AÎNÉ, LIBRAIRE, PLACE SAINT-DIDIER, 11.

1850.

SYSTÈME COMPLET
D'ASSISTANCE PUBLIQUE,

OU

ESSAI DE SOLUTION PACIFIQUE

DE LA QUESTION

DU

DROIT AU TRAVAIL.

PAR UN AMI DE L'ORDRE ET DU PROGRÈS.

VIVRE EN TRAVAILLANT !
POSSÉDER PAISIBLEMENT.......

A PARIS,

Chez PAULIN, ÉDITEUR, RUE DE RICHELIEU, 60.

Janvier 1850.

Avignon, Impr. OFFRAY AÎNÉ, place St.-Didier, 11.

AVANT-PROPOS.

Une des grandes questions posées par la révolution de février, est celle du Droit au travail.

La Société, au point de vue matériel ou industriel, se
divise en deux Classes : ceux qui possèdent et ceux qui ne
possèdent pas.

Ceux qui possèdent se retranchent dans le Droit de propriété et ils ont raison. Ceux qui ne possèdent pas invoquent
de leur côté le Droit au travail, et ils ne sont pas moins fondés.

La loi de propriété est aussi ancienne que le monde et du-
rera sans doute autant que lui, car elle parait inhérente à la
nature de l'homme. La loi du travail n'a pas une origine
moins respectable et constitue également une des conditions
d'existence de l'humanité.

Il y a donc erreur et injustice à nier le droit des uns à la
propriété, comme à contester aux autres le droit au travail.

C'est cependant ce qui est arrivé.

Les uns ont dit que la propriété, c'est le vol ; ils ont de-
mandé le partage des biens, c'est-à-dire la spoliation, ce qui
est odieux ; ou bien ils ont prêché la Communauté ou l'égalité de rétribution, ce qui n'est qu'absurde ; ou enfin la répartition des fruits du travail en raison des besoins et non en
raison du mérite, ce qui est à la fois odieux et absurde.

Les autres, plus subtils mais non moins injustes, ont affirmé que le travail n'étant interdit à personne, chacun avait
donc le droit de travailler, pitoyable équivoque !... que l'égalité absolue étant impossible, ce qui est vrai, il y aurait toujours des misères impossibles à soulager, ce qui heureusement
n'est pas vrai; ils ont, du reste, prêché l'épargne à cette Classe

qui manque le plus souvent du nécessaire , lui promettant ,
si elle est sage , charité et assistance dans la mesure de leurs
moyens , mais sans autre garantie que leur bon vouloir.

On est donc bien loin de s'entendre.

Dès lors on se menace et de temps en temps on se fusille.
Dans l'intervalle d'une fusillade à l'autre , on va voter , qui
pour l'Empire , qui pour la Légitimité ou l'Orléanisme , qui
pour la République plus ou moins rouge... Ce qui n'avance
guère la discussion !

Si la République n'avait pas respecté le droit de propriété ,
elle n'aurait pu se constituer. De même , un nouveau pouvoir
héréditaire qui n'apporterait pas la solution de la question du
Droit au travail ne serait pas plus stable que les précédens.
Pour nous , qui croyons tout ajournement dangereux , nous
pensons que la forme républicaine seule permettra cette solution. L'expérience de ce demi-siècle a suffisamment prouvé
que la question ne peut pas même *être posée* , sous une monarchie quelconque.

Or , l'établissement du Droit au travail , dans sa plus large
interprétation , c'est-à-dire l'organisation sociale dans laquelle
l'ouvrier trouvera en tout temps de l'emploi sans risque de
chômage , et un salaire suffisant sans préjudice pour son patron , cet établissement ne saurait être le fait d'un décret ,
d'une loi ou d'un article de la Constitution.

Ce sera le résultat d'une série de réformes coordonnées ,
dont le plan peut bien être conçu dès aujourd'hui , mais qui
exigeront sans doute une longue discussion et ne devront être
entreprises qu'avec mesure et effectuées que graduellement ;
car il faut qu'elles s'introduisent , autant que possible , *avec
l'assentiment de tous.*

Autrement , nous n'aurons pas des réformes , mais la lutte
violente , les barricades et les coups de fusils ; nous rentre-
rons dans la série des révolutions et des contre-révolutions ,
des bouleversements et des restaurations ; nous ajournerons ,
au lieu de la hâter , la solution du problème social.

Prenons donc le temps nécessaire et apportons le calme et

la maturité convenables à cette discussion du Droit au travail fondé sur la réforme industrielle et administrative.

Mais cependant, une classe nombreuse souffre et gémit. La classe qui possède peut attendre, celle qui ne possède pas ne le peut. — C'est pourquoi il importe de recourir, sans délai ni remise, aux palliatifs, aux moyens transitoires. La réforme ne pouvant être immédiatement appliquée dans touses parties, il faut rechercher celles qui peuvent l'être et s'en occuper avec activité, afin que la classe qui souffre soit, avant tout, soulagée.

Moyennant ce premier bienfait, cette première justice, cette classe saura aussi prendre patience et attendre en paix le travail de réorganisation qui lui est promis.

Pour qu'elle ne demande pas l'impossible, accordons-lui tout ce qui est possible. Pour qu'elle cesse de s'agiter, rendons sa position supportable et travaillons sincèrement à la rendre meilleure.

Il n'y a pas d'autre moyen de combattre ce fantôme menaçant qu'on appelle *le Socialisme*.

———◆———

Note. — Ce travail a été fait en réponse à l'appel adressé, par circulaire du 26 juin 1849 du Ministre du Commerce, aux Chambres de commerce et de manufactures, et transmis par celles-ci à tous les citoyens qui ont étudié la question des Caisses de secours et de retraite en faveur des ouvriers. L'Auteur, après avoir communiqué sommairement ses idées, par lettre du 9 juillet à la Chambre de commerce, s'est trouvé entraîné par l'intérêt de la question à les rédiger avec plus de développement et à les soumettre au public.

Pendant qu'il s'occupait de ce travail, diverses propositions présidentielles sur le même objet ont été portées à l'Assemblée législative et leur tendance est de nature à faire espérer à l'auteur que son travail ne sera pas défavorablement accueilli.

A. Picard

Avignon, 15 décembre 1849.

TABLE

Des Matières.

ERRATA.

Page 17, après la ligne 22, *lisez* : une loi fut faite pour régler le travail des enfants dans les manufactures.

Page 34, ligne 39 : au lieu de *accepter*, lisez *excepter*.

Page 46, note (1) 2e ligne, au lieu de *perfectionnent*, lisez *perfectionnement*.

I.

Exposé de la situation, au point de vue des classes souffrantes.

Le propriétaire d'esclaves noirs , en Amérique , est tenu de nourrir ses esclaves et de pourvoir à leur nécessaire , tant sains que malades , tant actifs qu'impropres au travail. Il ne peut plus les *affranchir*, lorsqu'ils sont incapables de travailler ; car la liberté qu'il leur accorderait alors ne serait qu'un subterfuge , pour s'affranchir lui-même de l'obligation de les nourrir , loger et vêtir.

Le propriétaire de serfs , en Russie , est tenu de fournir à chaque ménage une quantité de terre à exploiter , avec le droit de prendre dans les forêts seigneuriales le bois nécessaire pour son chauffage et ses constructions. Les enfants et les vieillards sont exempts de l'*Obrok* , ou taxe de servitude; les vieillards restent à la charge de la terre et vivent aux dépens du seigneur.

Le propriétaire du sol , en Angleterre , est tenu de fournir la subsistance aux prolétaires nés sur ce sol et manquant de moyens d'existence. *Son pauvre* lui est renvoyé des extrémités du royaume , et , arrivé dans sa paroisse , il exige et obtient de celle-ci , c'est-à-dire aux frais du propriétaire ou des propriétaires du sol , une subvention équivalente au nécessaire , contre un travail quelconque qui lui est imposé suivant ses forces. C'est ce qu'on appelle la *taxe des pauvres*.

En Italie , en Espagne , en France avant 1789 , le Clergé possédant une grande partie du sol, distribuait en aumônes , aliments et secours de divers genres , de quoi fournir aux besoins les plus pressants de la partie nécessiteuse de la population. Cette assistance s'étendait non-seulement aux vieillards et aux infirmes , mais encore aux hommes valides et sans travail. Tout *mendiant* recevait l'aumône à la porte du couvent.

En France aujourd'hui , l'État accorde une retraite :

Aux militaires mutilés ou infirmes , ou ayant accompli un temps déterminé de service ;

Aux employés et fonctionnaires publics, dans des conditions analogues ;

Il accorde en outre des secours temporaires plus ou moins suffisants :

Aux pauvres malades et aliénés,

Aux enfants abandonnés,

Aux pauvres vieillards et incurables, dans une limite restreinte,

Enfin aux individus les plus pauvres et les plus incapables de travailler.

Mais rien n'a été prévu en faveur de cette partie de la population, capable de travailler, voulant travailler, et qui, à des époques de crise politique ou commerciale plus ou moins fréquentes, est sujette à manquer de travail, sans que l'épargne ait pu lui fournir des ressources suffisantes contre le chomage. De sorte que le jour où la crise arrive et où le travail lui est retiré, cette partie de la population est à la veille de manquer de pain.

Ce jour-là, l'homme libre, le citoyen français, celui que vous avez proclamé votre égal et dont le vote a concouru, au même titre que le vote du citoyen le plus fortuné, à l'élection de vos magistrats municipaux, de vos représentants à l'Assemblée souveraine et du Président de la République, cet homme libre, ce citoyen français est alors plus misérable que l'esclave noir d'Amérique, que le serf russe, que le *pauvre* Anglais privé de droits politiques, plus misérable que le mendiant de l'ancien régime qui recevait la soupe à la porte du couvent.

Il résulte de cet exposé qu'en tout temps, dans tout pays civilisé, l'obligation a pesé sur ceux qui possèdent, de préserver de la misère, et tout au moins des atteintes de la faim, ceux qui ne possèdent pas ; obligation des maîtres envers les esclaves, des seigneurs envers les serfs, des couvents envers les mendiants, des propriétaires envers les pauvres.

Il en résulte aussi qu'en France aujourd'hui il n'a été pourvu que très-incomplètement à ce devoir social.

C'est pour réparer cette omission que l'on réclame le *Droit au travail.*

Il ne s'agit donc pas d'une innovation, à vrai dire, mais de l'introduction, dans la France républicaine, (1) de ce qui existe ailleurs, en Angleterre, par exemple, depuis deux ou trois siècles sous le nom de taxe des pauvres ; sauf à perfectionner, comme de raison, cette institution, autant que l'exige l'état social et que le comporte la puissance productive de la France actuelle.

---

(1) Le premier édie en faveur des pauvres est de 1563.

II.

Objections, au point de vue des classes qui possèdent.

—

1°. Depuis 1789 , dit-on , le travail est libre en France et ne rencontre aucune entrave , sous quelque forme qu'il cherche à s'exercer. Depuis soixante ans , il y a eu notable amélioration dans le sort de l'ouvrier. Il dépend de lui de faire des économies , de les placer à la Caisse d'épargnes , de les verser dans des Caisses de secours , ou même de retraite , pour s'assurer contre les maladies , le chomage et l'impuissance de ses vieux ans.

2°. Vous parlez de crises , ajoute-t-on ; mais c'est la classe ouvrière qui les cause le plus souvent ; c'est par sa faute que le travail vient quelquefois à lui manquer. Que l'ouvrier demeure paisible , qu'il cesse de troubler l'ordre public , d'inquiéter la propriété ; et les capitaux ne se retireront pas de l'industrie , et le travail ne souffrira pas d'interruption.

3°. D'ailleurs, que peut faire l'Etat pour le soulagement de l'ouvrier en temps de crise ? Si l'industrie souffre et ne peut fournir de l'occupation aux travailleurs , l'Etat se trouve en même temps à bout de ressources et encore plus empêché que les chefs d'industrie , pour employer les ouvriers inoccupés.

4°. Et si l'état prenait un semblable engagement , ne serait-il pas à craindre que l'ouvrier ne désertât le travail privé pour les ateliers nationaux , qu'il ne se montrât exigeant outre mesure envers l'industrie particulière , sûr de la contraindre à élever les salaires au-delà de toute justice , chaque fois qu'il la menacerait de l'abandonner pour se rejeter sur les travaux fournis par l'Etat ?

5°. On conclut delà qu'il faut se reposer sur la charité privée , sur l'assistance volontaire et non obligatoire , pour soulager la misère qui vient accidentellement affliger la classe ouvrière ; et que le trésor public ne doit pas s'ouvrir en pareil cas , que du moins il ne peut subvenir à des secours de ce genre que dans des cas tout à fait exceptionnels , en cas de désastres imprévus et subits, tels que inondation ou incendie , sans qu'on puisse en rien induire comme obligation périodique , comme subvention régulière.

6°. Et l'un des plus forts arguments en faveur de cette

doctrine de non-intervention habituelle de l'Etat dans le soulagement de la misère publique, c'est la déclaration menaçante d'un socialiste fameux, (M. Proudhon,) que « si on lui
» concède le *Droit au travail*, il consent à s'abtenir de
» demander l'abolition du droit de propriété, certain qu'il
» est d'arriver à son but par cette concession. »

7°. Enfin on fait valoir un sentiment de dignité qui doit être à l'usage de tous. « Il faut, dit-on, que chacun ici bas
» se charge soi-même du soin de sa propre existence. Si la
» bienfaisance de nos semblables peut venir momentanément
» à notre aide et nous prêter appui contre les coups du sort,
» ou même contre les conséquences de nos propres fautes,
» elle ne saurait nous délivrer de cette tâche que notre na-
» ture d'homme nous impose et qui nous élève d'ailleurs
» au-dessus du reste de la création, la tâche d'accomplir
» nous-même notre destinée..... Il ne faut donc pas seule-
» ment que nous cherchions dans notre travail les moyens
» de pourvoir aux besoins du présent, il faut encore que
» nous sachions nous ménager des ressources pour supporter
» les charges du lendemain ; il faut, en un mot, que nous
» fassions nous-même notre avenir. » (Constitutionnel, 3 novembre 1849.)

III.

Examen et discussion des objections.

—

On remarquera d'abord que de toutes les objections que nous venons d'énumérer (et nous croyons n'en avoir omis ni affaibli aucune,) il n'en est pas une seule qui tende à contester d'une manière absolue le droit de tout homme qui ne possède pas, à *vivre en travaillant*. Ces objections sont généralement fondées sur des difficultés, de prétendues impossibilités d'exécution ; mais on n'essaye pas de nier le droit de cette classe qui ne possède pas, à vivre de son travail, sous toute réserve du droit de la classe qui possède à jouir de sa propriété.

Examinons et discutons ces objections.

1° « La liberté du travail est une conquête de 1789. Ce fut un premier progrès ; est-il suffisant ? — Les travailleurs le nient. « Que nous importe, disent-ils, la permission de
» travailler, si le travail nous est refusé ! La liberté nous
» est précieuse, mais c'est le travail qui nous fait vivre. La

» liberté et du pain, est-ce trop ?... Ce n'est pas nous qui
» possédons les instruments du travail ; nous demandons
» que ces instruments ne puissent nous être retirés, (si
» ce n'est par notre faute,) sans que l'Etat, la Société, la
» classe qui possède, ait à s'inquiéter de notre existence su-
» bitement compromise. »

On a dit que tout ouvrier peut, avec de l'intelligence et
de l'économie, devenir fabricant, tout commis devenir négociant, etc.

Mais on dit aussi que tout soldat peut devenir officier,
général, maréchal de France ! Entend-on par là qu'il dépend
de chaque soldat de devenir officier ?—Non, sans doute ; car
il n'y a pas place. Une armée ne comporte que quelques maré-
chaux, quelques centaines de généraux, quelques milliers
d'officiers ; et des soldats, il en faut des centaines de mille.

De même, quand M. Grandin signalait ce fait, qu'à Elbeuf,
sur 300 fabricants, il en était 200 qui avaient commencé par
être ouvriers, il prouvait sans doute par là que la carrière est
ouverte à tous ; mais il ne résultait pas moins de son assertion même, que sur une population industrielle de 15,000
hommes, 14,700 étaient restés ouvriers, contre 200 seulement qui avaient pu, d'ouvriers, devenir patrons.

Il y aura donc toujours beaucoup plus de soldats que d'officiers, beaucoup plus d'ouvriers que de chefs d'industrie.

Or, lorsque cette classe, la plus nombreuse et la plus mal
partagée, se plaint de manquer trop souvent du nécessaire,
il semble à la fois inhumain et absurde de lui proposer de se
créer un superflu. C'est pourtant à ceux là même qui ont
peine à vivre de leur travail quotidien, que l'on prétend
constituer, sur leurs épargnes, un revenu pour le temps
où ils ne travailleront plus. C'est-à-dire qu'on veut les
faire riches, par un prélèvement sur leur pauvreté. Après
avoir affirmé que la fortune des classes qui possèdent ne suffirait pas pour assurer du travail en tout temps et des secours
dans la vieillesse à la classe qui ne possède pas, on prétend
prélever sur les salaires du pauvre ce que ne pourrait fournir, dit-on, la fortune du riche !

Ce qui peut expliquer l'erreur de beaucoup de personnes
qui raisonnent ainsi de bonne foi, c'est que des Caisses de
secours et de retraite existent parmi certaines catégories
d'ouvriers. On néglige d'observer que c'est uniquement parmi les catégories les mieux rétribuées, parmi les contre-
maîtres et chefs d'atelier, ou les mécaniciens et quelques
autres qui perçoivent des salaires élevés, plus que suffisants
pour les besoins quotidiens de leur famille. Malheureuse-

ment , ce n'est là que le très-petit nombre , et ce n'est pas de ceux-là qu'il est ici question. Il ne s'agit pas des exceptions, mais de la masse.

Les salaires ne fournissent , *au plus grand nombre* des ouvriers , guère au-delà du strict nécessaire , en temps de prospérité : voilà le fait constant. Il y aurait donc erreur ou mauvaise foi à raisonner comme si *tous* étaient portés au niveau des plus élevés , lorsqu'on a soi-même déclaré cette égalité impossible.

2°. Voyons à présent si c'est la classe ouvrière qui cause habituellement *les crises* ou suspensions de travaux. C'est une question de moralité qui ne doit pas être tranchée légè-rement.

Ces crises sont le produit de perturbations politiques ou purement commerciales.

Commençons par les crises politiques. La France en a subi quatre principales depuis 60 ans : 1789 , 1814 , 1830 , 1848.

La première fut causée par le soulèvement de la classe moyenne , excitant les masses populaires , qui ne firent d'abord que la suivre , pour la déborder bientôt.

Celle de 1814-15 fut causée par l'invasion , que la classe ouvrière n'avait pas spécialement provoquée.

1830 fut encore le fait de la classe moyenne , dont les ou-vriers ne furent que les auxiliaires.

Enfin, si la révolution de 1848 fut accomplie par un *tour de main* des sociétés secrètes , composées principalement d'ou-vriers , on ne doit pas oublier qu'elle fut provoquée par l'op-position parlementaire , (dynastique et légitimiste aussi bien que républicaine ,) et commencée avec le concours de la garde nationale qui , alors , représentait uniquement les classes moyenne et supérieure.

En résumé , par le temps qui court , personne en France n'est à l'abri du reproche d'avoir concouru à telle ou telle révolution , les uns par leurs fautes , les autres par leurs excitations , d'autres enfin par leurs actes. Et si les classes populaires fournissent le plus grand nombre d'acteurs dans ces terribles luttes , c'est dans les classes supérieures que se rencontrent les plus éminents provocateurs , les prédicateurs de l'insurrection, les écrivains et les orateurs qui en donnent le signal. (1).

---

(1) Après avoir écrit ce qui précède , nous trouvons dans une publication toute récente la même pensée exprimée en termes plus vifs.

« Les révolutionnaires ne sont pas si coupables que nous les

On doit donc reconnaître que, même dans les cas de crise
politique, la population ouvrière n'est pas plus responsable
que le reste de la Nation du bouleversement industriel qui s'en
suit, de la misère qui se répand instantanément sur le pays.

A plus forte raison repousse-t-elle tout reproche et toute
responsabilité, dans les cas de crise purement commerciale.

Ces sortes de crises peuvent être rangées en trois catégories:
1°. Le cas de mauvaise récolte des céréales et de renchérisse-
ment des denrées alimentaires en général ; 2°. Le cas d'exagération de la production manufacturière, soit que la mé-
vente des produits résulte de la suppression imprévue d'un
débouché accoutumé, soit que la hausse de prix des matières
premières ait rendu ces produits manufacturés inabordables
à la consommation ; 3°. La fièvre de spéculation qui se développe parfois à l'occasion de bénéfices exagérés que promettent certaines industries et qui détournent, au profit de
celles-ci, les capitaux qui étaient nécessaires à l'alimentation
normale des autres industries.

Dans ces diverses circonstances, la classe ouvrière n'est
pour rien dans les causes qui amènent la crise, c'est-à-dire
les embarras ou la ruine des industries auxquelles l'ouvrier
fournit son concours.

Il n'a pu influer sur les récoltes, puisque le sol ne lui appartient pas. Ce n'est pas lui qui a excité le fabricant à produire outre mesure, puisqu'il n'a pas de part à la gestion.
C'est encore moins lui qui a cherché à séduire l'industriel ou
le capitaliste, en détournant l'un de ses travaux, l'autre de
ses placements habituels, pour les jeter dans la spéculation
des asphaltes, des houilles ou des chemins de fer.

Il souffre donc et de la plus cruelle souffrance, de sa faim
et de la faim de sa famille, par suite de circonstances qui
ne sont pas de son fait, dont il est tout à fait innocent.

Dans le premier des cas énumérés, la faute n'en est à

» faisons. Evaluez leur part dans l'œuvre de destruction ; c'est de
» beaucoup la plus petite. On dit que les plus étonnés de la victoire
» de février ont été les vainqueurs. Apparemment, ce n'est pas
» modestie ;... Que signifie donc cet étonnement ?.... Le vainqueur
» de février, hélas ! c'est la bourgeoisie, c'est nous ; et si nous
» laissons les autres s'en vanter, c'est que l'affaire ne nous a pas
» été bonne. Disons-nous donc honnêtement nos vérités. Nous seuls,
» oui, nous bourgeois, nous faisons et défaisons les gouvernemens.
» Le peuple nous y aide ; mais ce n'est pas lui qui commence ; il
» pousse nos cris, il va au feu sous notre drapeau.... »

(M. Nisard dans la Revue des deux Mondes, page 993, 15 décembre 1849.)

personne non plus qu'à lui. Une saison trop pluvieuse ou
trop sèche, la maladie inconnue des pommes de terre, une
épizootie, auront produit ce mal, ce désastre que nul n'a
pu prévoir ni parer.

Mais dans les deux autres cas de crise commerciale, tout
le monde n'a pu se dire également innocent.

En cas de production exagérée, de surélévation du prix
des matières premières, telles que le coton, les laines, la
soie, le lin, etc, il y a eu tout au moins imprudence, défaut
de prévision, faux calcul de la part des chefs de l'industrie
manufacturière et commerciale.

En cas de spéculation fiévreuse sur certains produits, sur
certaines entreprises, il y a eu plus qu'imprudence. C'est la
cupidité, c'est l'espoir, le désir de gagner beaucoup en peu
de temps et sans travail, qui a causé la maladie industrielle,
l'agiotage. Le capitaliste a retiré ses fonds, le commerçant
suspendu ses achats, le fabricant arrêté ou ralenti les travaux
de sa manufacture, pour porter à la Bourse, au grand tapis
vert, les capitaux qui étaient nécessaires à l'industrie régulière, à la marche normale des affaires.... Telles furent les
causes des crises de 1837-38 et de 1845-46.

On voit donc que si l'ouvrier a quelquefois mérité ce reproche d'avoir causé ou aggravé la crise, il peut aussi dans
certains cas le renvoyer en toute justice à ses patrons (1); et
mieux vaut chercher le remède, que de se passionner les uns
contre les autres par de telles récriminations.

3°. Ce remède, dit-on, l'Etat ne peut le fournir; car dans
ces temps désastreux, il se trouve frappé comme les parti-
culiers, ses ressources sont tout à coup taries aussi bien que

---

(1) — Relevé des principales crises depuis 40 ans. —

Dates :	1810.	Causes :	La brûlure des marchandises anglaises.
	1814-15.	—	» L'Invasion étrangère.
	1816-17.	—	» La Disette.
	1826.	—	{ Sur abondance de la production manufactu-rière, par suite de lois de douanes pro-hibitives en Prusse et en Russie.
	1830-31.	—	« La révolution de Juillet.
	1837-38.	—	{ Crise de la Banque des Etats-Unis ; baisse des cotons en Angleterre ; agiotage sur les asphaltes et les houilles, à la bourse de Paris.
	1840-41.	—	« Affaire d'Orient : menaces de guerre.
	1845.	—	« Chemins de fer à la Bourse.
	1846-47.	—	« La Disette.
	1848-49.	—	« La Révolution de février.

celles de l'industrie. — C'est là sans doute une des grandes difficultés du problème; mais sans la nier, nous essayerons plus loin de démontrer qu'elle n'est pas insurmontable.

4°. Quant à cette objection, très grave aussi, que l'établissement d'ateliers publics en temps de détresse serait, comme on l'a vu en 1848, un moyen pour l'ouvrier de faire céder ses chefs ou patrons à des exigences injustes, par la menace de désertion, nous ne croyons pas qu'il soit très-difficile d'écarter ce danger. Il suffirait probablement d'établir cette règle, qu'aucun ouvrier ne serait admis dans un atelier de l'État que sur le certificat de son dernier patron. Cet atelier de secours ne devant jamais offrir qu'un salaire inférieur à celui de l'industrie privée, ne pourra en aucun cas lui faire une concurrence nuisible.

D'ailleurs, les mesures d'assistance régulière qu'il s'agit d'adopter étant de nature à réconcilier, partout où il en est besoin, la classe ouvrière avec ses patrons, il n'y a aucun motif de supposer que les uns cherchent désormais à tourner contre les autres l'institution destinée à les préserver tous des plus cruels effets de la détresse générale.

5°. Dans ces circonstances désastreuses, la charité privée, si grande qu'elle soit en France, est presque toujours insuffisante ; l'expérience ne l'a que trop démontré.

Toutes les mesures de prévoyance que l'on peut proposer comme plus efficaces, comme indispensables, n'auront pas d'ailleurs pour effet d'empêcher ce noble sentiment de s'exercer ; il y aura toujours lieu d'y faire appel, quoi que l'on puisse faire dans le but de le rendre inutile. Les classes les plus favorisées de la fortune, lors même qu'elles se seront imposé le devoir de prélever sur leur superflu une contribution régulière pour le soulagement de leurs concitoyens les plus malheureux aux époques calamiteuses, trouveront toujours l'occasion de faire au-delà ; et il n'est ni à craindre, ni à espérer qu'il résulte *surabondance* de cette réunion des secours de la bienfaisance volontaire et des ressources de l'assistance obligatoire. Il faut donc songer à en cumuler les efforts, et non pas se reposer sur l'un ou sur l'autre de ces deux moyens.

En outre, il ne faut pas oublier que les Classes souffrantes réclament ce soulagement *comme un droit*, et non plus à titre d'aumône.

On ne peut nier que ce sentiment ne soit, au fond, très honorable ; et si, depuis la dernière révolution, il s'est manifesté sous des formes trop souvent violentes ; si les prétentions de la Classe ouvrière ont été exagérées jusqu'à réclamer

l'impossible ; si des esprits faux ou des cœurs pervers ont voulu pousser les conséquences du Droit au travail jusqu'à la
spoliation , jusqu'à l'abolition du Droit de propriété ; ces
erreurs , ces excès déplorables peuvent être , non pas justifiés ,
mais expliqués par l'espèce de déni de justice, par les ajour-
nemens continuels que les gouvernemens, ou plutôt les classes gouvernantes , ont opposé depuis un demi-siècle à la solution de la question.

Sous l'Empire , toute amélioration intérieure était ajournée
à la Paix générale. Chaque année , on demandait encore un
effort ; encore quelques centaines de millions, encore quelques centaines de mille hommes !... Et le peuple français ne
refusait ni ses enfans, ni ses millions ; et il patientait , parce
que ses armées étaient victorieuses , parce qu'elles accomplis-
saient de grandes choses , parce que ce noble peuple sentait
que , même par ces voies violentes , il travaillait encore aux
progrès de la civilisation.

Cependant la Paix générale n'arrivait pas ; la guerre enfan-
tait la guerre ; un jour la France se trouva accablée et laissa
tomber cette puissante, mais insatiable individualité , qui
venait d'épuiser ses forces.

Depuis lors , le pays s'est reposé trente-cinq ans dans la
paix. Depuis lors, les classes moyenne et supérieure ont eu
plus ou moins de part au gouvernement du pays. Jusqu'en
1848 , les classes inférieures n'y ont nullement participé.

Durant ces 35 ans , à toutes les époques critiques , les gouvernemens et les classes favorisées ont protesté de leur amour
pour le peuple , de leur dévouement au peuple : elles n'ont
cessé de promettre toutes les améliorations possibles en faveur
du peuple. Tel fut , aux heures du danger , le langage de Louis
XVIII , de Charles X , de Louis-Philippe , et de leurs minis-
tres et de leurs Chambres ! Mais le danger passé , on songea
à autre chose.

Qu'ont fait ces deux familles royales pour le peuple, pour
les classes souffrantes ? Cherchez bien , vous trouverez peu
de chose.

Le bienfait le plus réel de la Branche aînée en faveur du
peuple , celui peut-être dont on lui sut le moins de gré , et
qu'elle même n'accorda qu'à contre-cœur, ce fut la réduction
de l'armée. Il y a sans doute de l'exagération à appeler la
conscription , ou le recrutement , *Impôt du sang*, en temps
de paix : mais c'est toujours un rude *impôt sur la vie*, que
celui qui prive l'homme de la faculté d'utiliser à son profit
six ou huit de ses plus belles années. Or , cet impôt , quoi
qu'on fasse et qu'on dise , pèse principalement sur les classes
pauvres.

M. de Villèle essaya de convertir la rente 5 0/0 en 4 0/0 ;
mais cette bonne intention fut rendue vaine par le mauvais
vouloir de la pairie héréditaire.

Du reste, le budjet de la restauration portait une somme
de 50 mille francs pour l'instruction primaire.

Dans les dernières années, ce gouvernement favorisa l'é-
tablissement des premières Caisses d'épargne.

Tels furent les titres de la Branche aînée à la reconnaissance populaire.

Ceux de la Branche cadette sont un peu plus nombreux,
quoique neutralisés en partie par l'entretien d'une armée,
brillante, sans doute, mais écrasante pour le pays.

L'institution des Caisses d'épargne fut développée.

La Loterie fut supprimée, bienfait mémorable, renouvelé
de la Convention !

L'impôt des boissons fut allégé de 30 millions, qui ne pro-
fitèrent pas au peuple, quoique supprimés à son intention.

De grandes améliorations et des développemens considé-
rables furent apportés aux routes départementales et aux
chemins vicinaux.

On consacra à l'instruction primaire d'abord un million,
puis graduellement jusqu'à trois millions.

On se décida, après 15 ans d'hésitation, à permettre l'é-
tablissement de Conseils de Prud'hommes à Paris.

Voilà la part que le gouvernement de juillet fit au peuple.

Evidemment, la révolution de 1789 avait accordé beaucoup plus au tiers-état en 10 ans, que les trois monarchies
de la classe moyenne n'ont accordé au peuple en 50 ans.

Mais, dit-on, les deux dernières dynasties ont fait bien
plus pour le peuple, elles lui ont donné la Paix ! Et la paix
a amélioré sous tous les rapports le sort des classes populaires.

Cela ne saurait être nié. L'Empire avait donné la gloire ;
les deux gouvernements qui l'ont suivi ont donné la paix.

Mais l'Empire avait donné encore autre chose aux classes
supérieures de la Nation. Il avait donné à quelques-uns des
royaumes et des principautés, à un plus grand nombre des
dotations, des sénatoreries, à d'autres encore des grades, des
emplois, largement rétribués. Au peuple, la gloire et des
promesses vaines.

La Restauration à son tour donna la Pairie, les emplois
et la fortune à ses adhérens, plus un milliard aux émigrés ;
le tout, en sus de la paix.

Louis-Philippe enfin donna, avec la paix qu'il sut maintenir, les hauts emplois à la classe moyenne, et à la finance,
la grande curée de chemins de fer.

Ainsi la paix , comme la guerre , a été exploitée principalement par les classes élevées ; les rangs inférieurs de la nation n'en ont profité qu'accessoirement. (1) Serait-il juste de prétendre que ceux-ci doivent se tenir pour satifaits d'avantages tels que ceux de la paix , qui ont été communs à tous , et dont ils n'ont retiré que la plus faible part !

Et la preuve que cette part a été insuffisante , c'est cette misère (2) qui accable tout à coup la masse ouvrière , chaque fois que survient une crise dans le monde industriel ou dans le monde politique.

Sans doute, dans ces moments funestes , tout le monde souffre. Mais tous ne souffrent pas également , ni en raison de leur responsabilité.

Le propriétaire voit diminuer son revenu , il perd une partie de ses fermages , il supporte des impôts additionnels; mais il lui reste toujours de quoi vivre et son fond demeure intact.

Le capitaliste voit une partie de ses capitaux compromis ; il ne peut plus les faire rentrer que lentement , ou réduits à des dividendes. Mais encore , ce qui lui reste le met à l'abri du besoin. Il peut même parfois accroître son capital , en profitant de la baisse des immeubles , des marchandises ou des fonds publics ; il peut ainsi s'enrichir au milieu de la détresse publique.

Le négociant , le manufacturier , sont plus malheureux ; souvent ils perdent tout leur avoir , leur crédit et (chance cruelle !) jusqu'à l'honneur de leur nom. Toutefois , s'ils

---

(1) Les journaux de Paris ont rapporté tout récemment un article du *Times* qui , après avoir rappelé que depuis un quart de siècle et surtout depuis sept ans , toute la législation fiscale et commerciale de l'Angleterre a tendu à sacrifier les intérêts de classe (c'est-à-dire des classes supérieures) au bien public, s'exprime ainsi sur ce qui a été fait chez nous : « en France, il serait difficile , sinon impossible , de « signaler quelque réforme financière importante opérée depuis 35 ans « sous ses divers gouvernements contre l'intérêt de la classe dominante et dans l'intérêt exclusif du consommateur et des classes « pauvres. Les contributions indirectes qui , en Angleterre, sont limi- « tées aux classes élevée et moyenne , descendent en France jusqu'au « plus humble propriétaire rural..... »

(2) «... De 1826 à 1830 , la moyenne annuelle des individus prévenus de mendicité a été de.. 966
— De 1841 à 1846 inclusivement, la moyenne s'élevait à 3855.
Augmentation 298 p. o[o. — En 1847 , le nombre des mendians repris de justice ; s'est élevé à................ 10,646.
Rapports sur la justice criminelle et la justice civile en 1847 , insérés par le ministre de la justice dans les 1ᵉˢ N° du moniteur de novembre 1849.

doivent renoncer au superflu , à l'aisance même , le pain du moins ne leur manquera pas. La gêne n'est pas la misère.

L'ouvrier , au contraire , sitôt que le travail lui est retiré, lors même qu'il n'y a pas de sa faute , c'est la misère qui le presse , c'est le pain qui lui manque. Dans ce désastre qu'il n'aura pas causé , qu'il n'a pu prévenir , il a faim et ses enfants ont faim.....

Une seule fois , de notre temps , les riches , les puissants , les heureux de ce monde , ont pu éprouver ces terribles angoisses du doute de chaque jour sur le lendemain , ce tourment d'une existence sans avenir assuré , cette horreur jusque là inconnue d'une nuit sans asile et d'un jour sans pain. Ce fut pendant ces quelques mois de désordre social qui commencèrent au 24 février et finirent avec le mois de juin 1848. Alors , pour la première fois dans ce siècle, les classes favorisées se sentirent domptées , abattues sous un pouvoir plus puissant qu'elles , et presque à sa merci.

Eh bien ! ce qu'elles ont éprouvé alors , ce sont ces mêmes angoisses , ce tourment , cette horreur, qu'éprouvent périodiquement les classes déshéritées aux époques calamiteuses , qu'éprouve la classe ouvrière chaque fois que le travail lui est retiré.

A ce mal , aigu pour les uns , chronique chez les autres , pense-t-on qu'il soit tems de porter remède ?

6°. Certes , nous déclarerions ce remède introuvable , si nous admettions que le Droit au travail est nécessairement hostile au Droit de propriété , que la concession de celui-là équivaut à l'abolition de celui-ci. Mais heureusement cela n'est pas vrai.

Si l'on entendait par Droit au travail un droit inhérent à chaque travailleur d'exiger en tout temps de l'Etat un travail réglé à sa convenance et rétribué à sa fantaisie , sans doute il en résulterait pour l'Etat la nécessité de s'emparer de toutes les industries , de toutes les propriétés , de tous les capitaux , en en dépouillant les possesseurs actuels ; et de la sorte on arriverait bientôt à l'abolition de toute propriété privée. C'est là ce qu'a voulu dire M. Proud'hon.

Mais cette interprétation absolue du Droit au travail est évidemment insoutenable.

Elle entraînerait , chez la nation qui voudrait essayer de la mettre en pratique , non seulement la perte des fortunes privées , mais la prompte destruction de la fortune publique. Sous un semblant d'égalité , elle ferait perdre à tous jusqu'au moindre vestige d'indépendance et de liberté. L'Etat donnerait à l'ouvrier des chefs en uniforme , avec qui la discussion

ne serait pas tolérée , dont la surveillance serait plus rigou-
reuse , avec qui , en un mot , ses rapports habituels seraient
bien autrement pénibles qu'avec ses patrons actuels en habit
bourgeois. C'est là un régime auquel l'ouvrier pourra se soumettre exceptionnellement , à défaut des travaux privés ,
comme à une nécessité des temps de crise et pour échapper
aux conséquences funestes du chomage ; mais il reviendra
avec joie aux ateliers libres de l'industrie , aussitôt qu'il y
sera rappelé.

Ainsi , il ne s'agit pas de ce Droit *absolu* au travail , que
chacun prétendrait faire valoir en tout tems , droit chiméri-
que , attentatoire à la liberté , hostile à la propriété et avant
tout hostile au bon sens. Il s'agit simplement des moyens de
procurer du travail à ceux qui en manquent et qui peuvent
le moins s'en passer , en temps de crise , et de les secourir
dans leurs vieux ans.

Ces moyens peuvent être trouvés , nous espérons le démontrer bientôt , sans porter aucune atteinte , directe ou
indirecte , au droit de propriété.

7º. Après avoir répondu aux sophismes de certains socialistes , il reste à combattre ceux d'une autre école , qui repousse
toute proposition de faire intervenir périodiquement l'Etat
dans le soulagement de la misère publique , en se fondant
sur la dégradation morale qui en résulterait pour les classes
ou les individus secourus. « Notre nature d'homme , disent-
« ils , nous impose la tâche d'accomplir nous-mêmes notre
« destinée..... Chacun ici-bas doit se charger soi-même de
« sa propre existence et se faire son avenir.... » Ce pompeux
langage , je regrette de le dire , me semble couvrir une
pensée profondément égoïste. Sous prétexte de défendre un
des plus nobles sentimens humains , le sentiment de dignité
et d'indépendance personnelle , on se réfugie ainsi dans cette
doctrine de *chacun pour soi* , négation du principe de socia-
bilité qui , plus que tout autre , « élève l'homme au dessus
du reste de la création ».

Il semble que , pour chercher à soulager efficacement et
régulièrement les plus grandes misères de ce monde , on
veuille « dispenser l'homme de tout soin , de toute préoccu-
« pation , de toute prévoyance ! »...... « qu'on ne puisse lui
« assurer certains avantages matériels , qu'au prix de sa
« liberté , de sa dignité , du renoncement de ses facultés les
» plus nobles ! » (Discours prononcé dans la séance du 12
novembre 1849.)

Ainsi , l'on s'obstine à confondre les doctrines absolues ,
odieuses , impossibles , de quelques chefs du socialisme ,

avec les propositions conciliatrices , avec les mesures justes , humaines éminemment praticables , qui cherchent à se faire jour pour guérir cette société malade et la soustraire à l'influence des empiriques.

Et parce que le Droit au travail , tel que l'entendent M. Louis Blanc , et M. Proud'hon est dangereux et impraticable, on en conclut qu'il n'y a rien à faire pour le soulagement régulier des classes laborieuses et souffrantes.

De part et d'autre , nous l'avons déjà dit , ce sont là des doctrines anti-sociales. Les unes attaquent la société par en haut , les autres par en bas. Gardons-nous des unes comme des autres , et raffermissons la base de la pyramide , afin que son sommet ne risque pas de s'affaisser.

IV.

Solution proposée.

—

Pour satisfaire directement à cette réclamation du droit au travail , il faudrait pouvoir supprimer à la fois les crises commerciales et les crises politiques , car à l'état normal , l'industrie ne crée que le nombre d'ouvriers qui lui est nécessaire et leur accorde des salaires suffisants ; le Droit au travail s'exerce alors à la satisfaction de tous.

Or , demander la suppression des crises commerciales et politiques , ce n'est pas moins que demander *la meilleure organisation industrielle* et *la meilleure organisation gouvernementale.* C'est là le problème social presque entier ! C'est ce que cherchent les hommes d'état , les économistes , les philosophes et aussi les Utopistes , c'est-à-dire les esprits éminents et les fous. Ne pouvant nous flatter de figurer parmi les premiers , nous ne voudrions pas grossir la liste des autres. Nous devons donc nous borner à rechercher les moyens pratiques de combattre le mal dans ses effets , laissant aux plus habiles ou aux plus hardis le soin d'en indiquer et d'en combattre les causes.

A ce point de vue , il s'agit uniquement d'ajouter à la série existante d'institutions de secours et de bienfesance :

1° Un moyen régulier de fournir du travail aux ouvriers valides , en temps de crise ;

2° Une assistance régulière aux ouvriers invalides et

aux vieillards , dénués de ressources par eux-mêmes ou par leur famille.

C'est tout ce que la société peut et doit faire aujourd'hui et la classe ouvrière en général ne demande pas davantage ; nous sommes persuadé que cela doit suffire pour la maintenir paisible.

Et puisque nous croyons que cela est nécessaire , nous sommes heureux de penser que cela est possible ; difficile , soit , mais pour résoudre une question d'humanité , de justice et de politique bien entendue, nous ne saurions admettre comme objection valable la *difficulté de l'entreprise.*

Durant les premiers mois qui suivirent la révolution de février , il est peu d'individus dans la classe qui possède qui n'eussent fait volontiers le sacrifice d'un quart ou de la moitié de leur avoir , pour être assurés de la paisible possession du reste. Nous sommes bien loin de demander un sacrifice semblable. Afin d'assurer cette paisible jouissance de toute propriété , d'éviter les plus grands malheurs des crises commerciales , d'échapper aux plus grands dangers des crises politiques , nous ne réclamerons que le prélèvement *le plus insensible , le moins gênant* , sur le superflu des classes qui possèdent.

Oui, nous poussons le respect de la propriété et le scrupule en matière de subvention d'une classe en faveur de l'autre , jusqu'à ne vouloir rien demander à ceux qui possèdent , qui les mette dans le cas de restreindre leur train de vie habituel, fût-il celui du luxe.

Et en effet , ce luxe , lorsqu'il n'a rien d'immodéré , n'est-il pas , jusqu'à un certain degré , utile à la classe des travailleurs , dans une société telle que la nôtre ? — Il y a donc en quelque sorte , intérêt pour les ouvriers à ce que le luxe subsiste , ou ne soit pas réduit subitement à de trop faibles proportions. (1)

Reportons-nous à présent à ces années d'abondance , à ces séries de prospérité continue ou croissante qui , dans la vie d'une nation civilisée et en paix , sont heureusement bien plus prolongées que ces tristes époques dont nous nous sommes occupés jusqu'ici , époques transitoires , comme l'indique le nom de crises.

---

(1) Nous ne voulons pas dire que le pauvre doive précisément de la reconnaissance au riche de ce que celui-ci dépense beaucoup ; mais l'ouvrier , le producteur , trouve son profit à la dépense du consommateur ; nous sommes donc sincères en cherchant à ne pas priver l'ouvrier de ce profit, lorsque nous ne traitons ici que la question économique , sous toute réserve de la question de moralité.

C'est alors, c'est durant ces périodes de bien être et de prospérité générale, c'est lorsque tous les capitaux s'augmentent par accumulation, lorsque les immeubles gagnent en valeur vénale et en revenus, lorsque les denrées et marchandises haussent de prix, lorsque toutes les industries s'enrichissent, lorsque toutes les fortunes se développent : c'est alors que nous proposons à tous de se préoccuper de la future crise, c'est-à-dire des calamités que peut réserver l'avenir, un avenir peut-être prochain.

C'est cette vulgaire prudence de tout homme rangé, qui dans les bonnes années sait prévoir les mauvaises, que nous voudrions voir pratiquer par la société, en ce qui concerne un de ses intérêts les plus pressants.

C'est dans les années ou la bienfesance privée a le moins à faire et où elle pourrait faire davantage, que nous voudrions qu'il fût créé une réserve pour les besoins à venir.

En un mot, cette prévoyance, cette épargne des bonnes années pour les temps difficiles, que l'on recommande tant anx ouvriers, nous voudrions en voir faire une loi de l'Etat, obligatoire non pas pour les seuls ouvriers, mais pour tous et principalement pour ceux à qui cette réserve serait bien plus facile et au profit de qui elle tournerait également, quoique moins directement.

Tel propriétaire, capitaliste ou chef d'industrie, à qui vous avez de la peine à arracher une souscription de 50 ou 100 francs lorsque la crise éclate, payera sans difficulté une contribution annuelle trois ou quatre fois plus forte en temps de prospérité, pour le but déterminé de secourir ses concitoyens aux jours du besoin, d'assurer la tranquillité publique à tout événement, de *s'assurer lui-même* contre l'émeute.

Car cette contribution, il la prélèvera non sur son capital ni sur son revenu, mais *sur l'accroissement de son capital*, accroissement résultant de la prospérité générale. Il n'aura donc pas à rabattre de sa dépense, puisque son revenu ne diminuera pas. Seulement son capital s'accroîtra un peu plus lentement. Voilà tout ce qu'il y perdra. Il s'agit donc réellement d'un sacrifice *insensible*.

Vienne ensuite une année de disette ou autre désastre, rien n'empêchera de le dégréver, ou du moins il n'y aura pas lieu de le surcharger, car la réserve accumulée trouvera son emploi à ce moment même ; tandis qu'aujourd'hui, faute d'avoir établi ce fond de réserve en faveur des plus malheureux, toute détresse publique exige une aggravation de contributions, à prélever sur tous, au moment même où les uns se trouvent ruinés, les autres tout au moins gênés.

Veut-on prévoir une crise telle que le fond de réserve soit insuffisant ? Admettons ce cas ; il n'en reste pas moins que les premiers besoins se trouveront immédiatement couverts, que le coup imprévu se trouvera amorti, qu'on aura le temps de se reconnaître, enfin qu'au lieu de 45 centimes, il n'en faudra peut-être demander que 25 ou 15.

Dans l'état actuel d'imprévoyance générale, les théoriciens anti-socialistes ont beau dire que l'Etat ne doit rien, que les riches ne doivent rien, qu'il n'y faut pas compter, etc. ; l'Etat et les contribuables finissent toujours par payer, (30 centimes en 1830, 45 centimes en 1848.) Seulement, on paye dans les plus mauvaises conditions possibles. C'est au moment où tous souffrent, qu'on songe à inviter ou à contraindre un certain nombre à venir au secours des autres ; c'est-à-dire que pour soulager les douleurs les plus vives, il faut nécessairement aggraver d'autres douleurs déjà fort poignantes et d'ailleurs inaccoutumées.

Imprévoyance d'autant plus déplorable, qu'en pareil cas le moindre retard est funeste et aggrave le mal dans les plus effrayantes proportions. La faim chasse le loup du bois. La foule affamée rugit et grince des dents. L'émeute, la guerre civile, viennent s'ajouter aux douleurs déjà si grandes de la misère et empêchent d'y mettre un terme....

Ne vaut-il pas mieux puiser dans les bourses lorsqu'elles sont bien remplies, que lorsqu'elles sont à moitié ou aux trois-quarts vides ? Voilà à quoi peut se réduire la question.

Economiser dans les temps prospères, pour parer aux besoins des mauvais jours, voilà la solution que nous proposons. On pourra la trouver bien simple, mais en est-elle plus mauvaise ?

V.

Plan d'exécution. — 1re Partie.

Quant à nous, si simple que nous paraisse le principe, nous n'avons pas cherché à dissimuler les difficultés de l'application. Nous avons donc voulu étudier la question dans ses détails avec tout le soin dont nous étions capable et nous avons essayé d'en formuler le plan d'exécution, afin de ne pas encourir le reproche d'avoir éludé la difficulté et pour démontrer qu'elle n'est pas insurmontable. Nous espérons que cette démonstration paraîtra suffisante à ceux mêmes qui trouveraient à redire à certains détails, ou à modifier quelques-uns des chiffres qu'il nous a fallu poser.

L'ensemble des mesures que nous allons proposer consiste en deux institutions distinctes , quoique tendant au même but : les *Corporations industrielles* , et les *Réserves publiques* ; c'est-à-dire d'une part , la coordination des ressources propres à la Classe des travailleurs , et d'autre part la réglementation des moyens fournis , pour leur venir en aide , par la commune , le département et l'Etat.

Corporations industrielles.

C'est à la classe des travailleurs (de professions mécaniques ou manufacturières ,) que nous demanderons la première économie. Seulement , au lieu de la demander à tous et en tout temps , nous ne nous adresserons qu'à ceux dont les salaires permettent l'épargne , en temps de prospérité.

Il y aura lieu , en conséquence, en régularisant les sociétés de secours déjà existantes , d'en multiplier le nombre de telle sorte que tout ouvrier , (artisan ou manufacturier ,) se trouve engagé dans une de ces associations , même ceux dont les salaires ordinaires seraient inférieurs au minimum imposable.

Dans toutes ces associations , qui prendront le nom de corporations industrielles, figureront, avec les ouvriers, les patrons ou chefs d'industrie qui les emploient et leur fournissent habituellement du travail.

Les corporations industrielles seront régies par une législation générale , quant à leurs principales conditions d'existence. Le règlement des détails sera réservé aux convenances de chaque localité et aux exigences de chaque industrie spéciale et notamment une certaine latitude leur sera laissée pour la fusion entre deux ou plusieurs d'entre elles , ou leur séparation , en certains cas prévus , si elles avaient été d'abord réunies.

Chaque corporation sera représentée par un Comité formé d'après les mêmes règles que les conseils actuels de Prud'hommes (1) et prendra le nom de *Comité des Prud'hommes* de telle ou telle corporation , de telle ou telle industrie.

Toutes les fonctions du Comité seront gratuites , conférées par élection annuelle et partiellement rééligibles.

Les Comités siégeront dans un local fourni par la commune,

---

(1) Dans les villes où il existe des Conseils de prud'hommes (et cette institution devra être généralisée,) il semble que rien n'empêcherait le Conseil de cumuler les fonctions de Comité. Les élections se trouveraient ainsi simplifiées et l'institution y gagnerait sans doute en force et en considération.

le département ou l'Etat, et autant que possible dans le même édifice que la Chambre et le Tribunal de commerce et les Conseils de prud'hommes.

Le Comité de chaque corporation fixera annuellement :

1° Le minimum de salaire au dessous duquel l'ouvrier ne sera assujetti à aucune retenue ; (par exemple , 1 fr. 25 ou 1 fr. 50 par jour en province et 2 fr. à Paris) ;

2° La retenue proportionnelle et progressive à opérer sur les salaires dépassant ce minimum ; (par exemple de 2 à 5 p. 0⁄0) ;

3° La différence entre la retenue des ouvriers célibataires et ceux qui seront mariés ;

4° Le versement à opérer à la Caisse du Comité par chaque chef ou patron , en raison du nombre d'ouvriers employés et des bénifices présumés de l'industrie qu'il exerce , (de 2 à 5 p.[0⁄0.)

En cas de dissentiment , le Comité élira au scrutin un arbitre, pris parmi les membres du tribunal civil ou les juges de paix de l'arrondissement.

Toute corporation industrielle sera apte à recevoir les dons et legs des bienfaiteurs éventuels , suivant les règles établies par la loi.

Elle pourra, (dans des circonstances prévues et suivant des régles établies par la législation générale ,) recevoir des subventions de la commune , du département et de l'Etat.

Les fonds de la corporation seront déposés, soit dans la Caisse communale , soit dans celle du Mont-de-Piété , soit à la Caisse des dépots et consignations à Paris , de manière qu'une partie reste toujours disponible.

Conseil de surveillance des corporations.

Dans chaque département , il sera formé un conseil de surveillance des corporations industrielles du département, composé de :

    3 Membres de la Chambre ou des Chambres de commerce , ou des manufactures , existant dans le département , élus par ces Chambres.

    2 Membres du Conseil général du département , élus par ce Conseil.

    1 Membre du Conseil municipal du Chef-lieu , désigné par le maire.

    1 Conseiller de préfecture , désigné par le préfet.

Ce Conseil de surveillance formera son bureau et se réunira au moins deux fois par mois. Il sera renouvelé tous les 3 ans , ses membres seront rééligibles.

Il lui sera rendu compte chaque mois des opérations et de la situation financière des corporations du département et chaque année leur budjet lui sera soumis.

Les Chambres de Commerce et des manufactures du département lui rendront compte chaque mois de la situation industrielle du département et lui communiqueront leur avis sur la situation de la classe ouvrière, et le cas échéant, sur l'opportunité de la formation d'ateliers publics.

Lorsque la formation de ces ateliers aura été prononcée, les corporations adresseront au Conseil de surveillance leurs demandes d'emploi pour leurs ouvriers respectifs inoccupés.

Le Conseil se mettra en rapport pour le même objet, avec les maires des communes où résident les corporations et prendra l'avis des conseils municipaux sur les demandes qui lui auront été adressées.

Le Conseil adressera, tous les trois mois au moins, au ministre du Commerce, un rapport sur la situation industrielle du département et sur les opérations des Comités et l'état des corporations.

Ces rapports, ainsi que le budget de chaque corporation, et tous les documents intéressant l'industrie du département, seront en même temps publiés dans des journaux locaux.

Emploi des fonds des corporations.

Les fonds de chaque corporation, provenant de retenues aux ouvriers, versements des patrons, dons ou legs de bienfaiteurs éventuels, et subventions éventuelles de la Commune, du département ou de l'Etat, seront appliqués, suivant leur importance, à une ou plusieurs sortes de dépenses qui seront ainsi classées :

1º Dépenses *ordinaires*, pour secours les plus urgents à la population actuelle de la corporation ; et réserve pour l'année suivante.

2º Dépenses *pour fondations ou retraites*, qui ne pourront avoir lieu qu'après celles qui viennent d'être indiquées, et qui auront pour objet plutôt l'avenir que les besoins présents de la corporation.

3º *Placement de capitaux*, s'il y a excédant de fonds, après avoir satisfait aux deux premières sortes de dépenses.

— *Les dépenses ordinaires* seront faites par une sous-commission élue par le Comité, composée de 3 membres, dont 1 ouvrier et 2 patrons, et sous le contrôle du Comité. Ces dépenses, à concurrence d'un crédit fixé à l'avance pour chaque année, consisteront en

Secours aux malades , aux veuves , orphelins et vieillards , appartenant à la corporation et denués de ressources ; et en frais de sépulture pour les membres décédés. Dans ces dépenses seront compris les traitements des médecin , chirurgien et autres , avec qui la corporation aurait traité par abonnement annuel.

Après ces dépenses couvertes , la sous-commission emploira les premiers fonds à la formation d'une *réserve disponible* , au moins égale au crédit fixé pour l'année même. Elle veillera à ce que cette réserve soit complétée ou renouvelée , lorsqu'elle aura été entamée ou épuisée.

—*Les dépenses pour fondations* seront faites par le Comité, sous le contrôle de l'autorité municipale , et aussi à concurrence d'un crédit limité à l'avance. Elles auront pour but

La formation d'établissements spéciaux , ou la subventton d'établissements collectifs , à l'usage de la corporation , tels que crèches , asiles pour l'enfance , hospices pour les vieillards et incurables.

— *Le placement des capitaux* , en cas d'excédant après ces deux premières natures de dépenses couvertes , sera opéré par le Comité , sous le contrôle et avec l'approbation du Conseil de surveillance des corporations du département. Ces placements pourront être faits :

Soit en rentes sur l'état , soit dans des Caisses de retraite ; ou en actions de la Banque de France ou des Banques locales; en actions des établissements industriels dans lesquels sont employés les ouvriers de la corporation ; en obligations des villes du département, enfin en actions de canaux ou chemins de fer , etc. ; le tout , au profit et aux risques de la corporation entière, de manière à transformer en quelque sorte l'ouvrier en capitaliste et à l'associer autant que possible à des intérêts qu'on lui a voulu représenter comme hostiles aux siens.

Il est bien entendu que des régles seront établies pour l'importance totale et spéciale de ces placements , qui ne pourront jamais être négociés qu'au comptant.

Quant aux *intérêts* et *dividendes* afférents à ces capitaux placés par la corporation , il conviendrait de les diviser ainsi qu'il suit :

Moitié serait ajoutée au capital chaque année, excepté dans les années de crise , où cette moitié serait distribuée par égales parts entre tous les ouvriers de la corporation :

Un quart serait annuellement réparti entre les ouvriers affiliés depuis un tems déterminé , comme 5 ans ou 10 ans ;

Un quart enfin serait appliqué en subvention aux ouvriers quittant la corporation pour cause légitime , subvention qui serait proportionnée à la durée de leur affiliation. (1)

On aura remarqué que nous ne portons à la charge des corporations, ou associations industrielles de secours mutuels, aucune dépense pour subvention aux ouvriers valides sans travail.

C'est que nous mettons , comme on va le voir , cette dépense à la charge de l'Etat , du département ou de la commune , dans tous les cas d'interruption des travaux résultant des crises générales et imprévues.

Quant au cas de chomage par suite de coalitions ou grèves d'ouvriers , nous espérons que l'ensemble des mesures ici proposées aura pour effet de les rendre de plus en plus rares. Nous avons regretté que l'Assemblée législative n'ait pas adopté la proposition de confier la solution des questions de salaires aux Conseils de prud'hommes , mais nous croyons que la force des choses aménera nécessairement la discussion de ces questions devant les Comités de corporations , lors même que la loi ne le prescrivait pas.

Ce ne sera pas un des moindres bienfaits de la nouvelle institution.

---

(1) Il existe en Angleterre , et notamment à Londres , des corporations industrielles qui possèdent des capitaux énormes , accumulés il est vrai depuis des siècles ; mais qui plus d'une fois ont servi à préserver de ruine des maisons dont la chûte eût été funeste à de nombreux ouvriers.

Si les corporations que nous proposons de former en France dans l'intérêt de la classe ouvrière parviennent à leur tour à se créer des capitaux productifs, nous croyons qu'il serait juste et politique de réserver aux patrons ruinés ou faillis le droit de prélever, sur le capital accumulé de la corporation dont ils auraient fait partie durant un certain nombre d'année, une portion limitée des versements qu'ils y auraient apportés (bien entendu sans intérêts ,) à titre de subvention dans leur détresse. Il en résulterait un lien de plus entre patrons et ouvriers , lien d'intérêt et à la fois de sympathie.

VI.

Même sujet. — 2e partie.

2° *Réserves publiques.*

— Chaque ville ou commune (sauf les exceptions spéci-
fiées ,) sera tenue de porter annuellement à son budget une
somme pour *Secours et Travaux réservés*, égale au moins au
20e de son revenu total et à laquelle il sera pourvu au besoin
au moyen de centimes spéciaux additionnels.

Cette somme sera accumulée d'année en année , exempte
de tout prélèvement au profit de l'Etat, déposée comme il a
été dit des fonds des corporations industrielles , et destinée à
être employée , dans les cas prévus et la forme prescrite :

    1° En subventions aux corporations industrielles de la
        commune , applicables seulement aux deux premières
        natures de dépenses de ces corporations.

    2° A l'exécution de travaux utiles et non urgents , votés
        à l'avance par le conseil municipal , travaux dont les
        plans et devis resteront déposés à la mairie , pour être
        exécutés par les ouvriers privés de travail, en temps de
        crise et dans tous les cas d'interruption involontaire
        des travaux de l'industrie locale.

— Chaque département (1) sera tenu pareillement de porter à son budjet annuel une somme pour *Secours et Travaux
réservés* , d'intérêt départemental mais pouvant être différés,
égale au moins à la moitié des sommes votées pour le même
objet par tous les chefs-lieux d'arrondissement du département. Il y sera pourvu au moyen des centimes additionnels
spécieux.

Cette somme sera accumulée d'année en année comme
celles votées par les communes et destinée à être employée

    1° En subventions aux corporations industrielles les plus
        nécessiteuses du département , en cas d'insuffisance de
        leurs propres fonds et des fonds de leurs communes
        pour couvrir les deux premières classes de dépenses ;

    2° En subventions spéciales pour la deuxième nature des
        dépenses des corporations , c'est-à-dire pour la forma-

---

(1) Sauf le département de la Seine, qui ferait double emploi avec
la ville de Paris.

tion des établissements en faveur de l'enfance et de la vieillesse indigente , à charge par ces établissements de recevoir ou de secourir les individus appartenant au département et ne fesant partie d'aucune corporation industrielle.

3° A l'exécution de travaux départementaux, notamment de routes départementales et chemins vicinaux , votés à l'avance par le Conseil général , et dont les plans et devis resteront déposés à la préfecture, pour être exécutés par les ouvriers privés de travail, en temps de crise générale ou locale ; travaux auxquels seront admis aussi les ouvriers du département non affiliés à une corporation industrielle.

—Le ministre des finances portera chaque année au budget de l'Etat un article pour *Secours éventuels et Travaux réservés* , dont le chiffre sera équivalent au moins à 1 p. 0/0 et au plus à 2 p. 0/0 des recettes totales de l'année. Cette réserve sera accumulée comme celles votées par les départements et les communes , déposée à la Caisse des dépôts et consignations , ou en partie à la Banque de France et en partie au trésor public contre des bons du trésor, et sera destinée à être employée :

1° En subventions aux corporations industrielles de Paris ou des départements les plus malheureux , en temps de crise générale ;

2° En secours aux contrées ravagées par une innondation extraordinaire ou autre fléau subit auquel ne pourraient parer les ressources locales ;

3° En travaux publics d'intérêt général mais non urgents , votés à l'avance par l'Assemblée législative et dont les plans et devis resteront déposés au ministères des travaux publics jusqu'à ce qu'il y ait lieu de les exécuter, en temps de crise générale, pour fournir du travail aux ouvriers qui en seront subitement privés , soit à Paris, soit dans les départements.

—

Ainsi , prévoyance et concours de l'Etat , des départements et des villes , en faveur des ouvriers privés de travail , sans toucher aux fonds des corporations et même en y ajoutant au besoin.

L'Assemblée législative réglera l'emploi des fonds pendant les années d'accumulation, de manière à ce qu'ils ne puissent être compromis et à ce qu'une partie soit toujours immédiatement disponible.

La réserve de l'Etat ne pourra être employée que sur un vote de l'Assemblée. Elle pourra être appliquée

A concurrence de 1⁄5ᵉ en subventions aux corporations , en cas de crise.

. . . . de 1⁄5ᵉ en primes d'exportation en cas de crise ;

. . . . et 3⁄5ᵉ seront réservés pour les cas de fléau subit , ou pour travaux publics d'intérêt général.

La réserve de département sera employée sur la demande du Conseil de surveillance des corporations , et sur le vote du Conseil géneral ; elle pourra être appliquée à concurrence de 2⁄5ᵉ en subventions aux corporations du département : 3⁄5ᵉ resteront réservés pour travaux départementaux.

La réserve commmunale sera employée sur un vote du Conseil municipal , sauf approbation du Conseil de surveillance des corporations , à concurrence de 2⁄5ᵉ en subventions aux corporations de la commune et de 3⁄5ᵉ en travaux d'utilité communale.

L'Etat , les départéments et les communes pourront , sur la part réservée en minimum à des travaux publics , affecter à concurrence de 1⁄5ᵉ ou 1⁄10ᵉ à l'achat des premiers matériaux nécessaires , suivant les plans et devis adoptés , afin que ces travaux [puissent être immédiatement entrepris , le cas échéant.

—

Lorsqu'il y aura lieu à l'exécution des travaux réservés , par la commune , le département ou l'Etat , chaque corporation industrielle adressera au Conseil de surveillance du département et au maire de la commune la liste nominative des ouvriers sans emploi pour lesquels elle réclamera du travail dans l'atelier public.

Cette liste sera divisée en cathégories , suivant la profession, l'état plus ou moins valide ou débile de l'ouvrier, sa qualité de célibataire ou père de famille , etc. Elle sera soumise au contrôle du Conseil municipal et susceptible en tout temps de rectification.

Les ouvriers admis dans les ateliers publics seront embrigadés ét soumis aux chefs , ingénieurs civils ou militaires, qui leur seront préposés.

Ils seront tenus de se rendre , en bon ordre , sur les points de la commune , du département, ou même hors du département, qui leur seront assignés , contre indemnité de route en cas de déplacement hors de portée de leur domicile.

Dans le cas de déplacement, ils seront casernés, campés ou logés par le département ou par l'Etat ; et s'ils sont nourris aux mêmes frais, les débours pour leur nourriture seront portés en déduction de leur salaire.

Le salaire journalier sera réglé en raison de l'aptitude de chaque cathégorie d'ouvriers, de manière que les moins rétribués reçoivent au moins le nécessaire pour leurs besoins habituels et les autres en augmentant, en sus de ce minimum, par gradation de 25 centimes. En aucun cas, ils ne pourront prétendre au salaire normal des travaux aux quels ils seront appliqués ; mais ils ne seront assujettis à aucune retenue.

Un Conseil de discipline sera institué dans chaque atelier public, pour juger les contraventions et infractions qui ne seront pas du ressort des tribunaux ou de la police ordinaire.

VII.

Dispositions exceptionnelles et complémentaires.

Le motif principal qui nous a porté à ne pas comprendre les ouvriers de l'agriculture dans l'organisation proposée, c'est que nous les croyons moins malheureux que les ouvriers des manufactures et des villes en général.

En vain objecterait-on que les travailleurs des campagnes portent bien souvent envie à ceux des villes. Cela prouve seulement qu'ils n'apprécient pas leur bonheur et il y a longtemps que la remarque en a été faite ;

> O fortunatos nimium, sua si bona nôrint,
> Agricolas !

Evidemment la situation de l'agriculteur est la moins précaire ; car les travaux des champs ne sont pas sujets à interruption comme ceux des villes. Nous l'avons dit ailleurs : « dans l'industrie agricole, le retour des mêmes saisons, ramène nécessairement les mêmes travaux et généralement les mêmes produits. Le sol est un instrument de travail qui ne peut être laissé inactif, comme une machine dans la manufacture ou un navire dans le port. C'est même lorsque le sol s'est montré ingrat, qu'il y a lieu d'y appliquer la plus grande somme de travail ; car une bonne récolte peut, dans une année, faire rendre au sol ce qu'il a refusé dans l'année précédente. Enfin cette industrie a le grand avantage de fournir surtout des produits alimentaires ; de sorte que, même dans les mauvaises années, elle risque moins que les autres de voir ses ouvriers souffrir de la faim ; et de plus , les travaux des champs , quelque rudes qu'ils soient , exécutés en plein air et sous le soleil , sont généralement plus salubres que ceux de beaucoup d'industries renfermées dans les villes.» (1)

Aussi n'est-ce pas les ouvriers des champs qui ont soulevé la question du Droit au travail , et quoique leurs salaires soient sujets à varier suivant les saisons et suivant la plus ou moins grande fécondité de la terre , on peut dire qu'une grève ou coalition de cette cathégorie d'ouvriers est chose à peu près inouïe.

On dira peut-être qu'ils ont moins de jouissances. Quant à nous , nous pensons seulement que leurs besoins sont moins grands , parce que leurs plaisirs sont plus simples et leurs mœurs moins altérées.

D'ailleurs , en beaucoup des provinces de France , c'est-à-dire partout où le sol a été divisé , morcelé , il n'est presque pas de cultivateur travaillant à la journée une partie de l'année , qui ne soit en même temps propriétaire ou fermier de quelque coin de terre. Ils se trouvent ainsi en même temps patrons et ouvriers.

Enfin il ne faut pas oublier que les habitans des campagnes et des communes rurales sont généralement exempts des charges urbaines , notamment des Droits d'Octroi , qui ont pour effet de renchérir toutes les necessités de la vie pour l'habitant des villes.

Ces faits et ces considérations nous paraissent établir suffisamment qu'il n'y a ni convenance pour les ouvriers de l'agriculture , ni devoir pour les propriétaires du sol , de se constituer en corporations agricoles , analogues à celles que nous proposons pour les ouvriers et patrons des manufactures et arts mécaniques.

Si nous nous trompons et s'il est des départemens où cette institution sera jugée utile et praticable en faveur de l'industrie agricole , il devra ôtre facultatif aux Conseils généraux d'en faire l'essai , en adoptant les bases que nous avons formulées ci-dessus , sauf les modifications qu'entraîneraient les différences de situation et de rapports entre elles , des classes qu'il s'agirait d'associer.

Sauf cette réserve , nous sommes d'avis d'accepter formellement les communes rurales , c'est-a-dire toutes les communes qui ne sont pas chefs-lieux de cantons , à moins qu'il ne se trouve sur leur territoire des manufactures , usines ou ateliers employant un nombre déterminé d'ouvriers.

____

(1) Questions à l'ordre du jour par A. P. (avril 1848) p. 25.

Et comme il existe , dans la plupart des communes ainsi exceptées , un certain nombre d'ouvriers artisans , tels que menuisiers , serruriers , maçons , charrons , cordonniers , etc., ces catégories devront être tenues , ou du moins autorisées , à s'inscrire dans les corporations de la ville la plus voisine ; ce qui leur conviendra d'autant mieux , qu'elles seraient incapables par elles-mêmes de former des corporations de quelque consistance.

L'exception devra s'étendre pareillement aux ouvriers de certaines usines et fabriques qui , par destination , ne sont en activité que pendant une partie de l'année , telles que les fabriques de sucre de betterave , les filatures de soie , les moulins à farine, les moulins à huile , les moulins à garance , etc.; attendu que ces ouvriers trouvent emploi dans les travaux agricoles pendant l'interruption régulière de ces établissemens qui , pour la plupart , ne les appellent que durant la plus mauvaise saison de l'année. — Ces usines à travaux intermittents et qui , pour ainsi dire , n'exigent pas d'apprentissage , sont un grand bienfait pour l'agriculture , en ce qu'elles fournissent de l'emploi aux bras qui risqueraient de rester inoccupés une partie de l'année , et les rendent aux travaux des champs , lorsque ceux-ci les réclament à leur tour.

Les exceptions énumérées comprennent donc trois catégories d'ouvriers :

1º. Les ouvriers de l'agriculture, les plus nombreux de tous ;

2º. Les ouvriers artisans des communes rurales, sauf les cas d'affiliation aux corporations des villes voisines ;

3º. Les ouvriers d'usines à travail intermittent par destination , participant aux travaux de l'agriculture.

Or , c'est en grande partie à l'intention de ces trois catégories de travailleurs , que nous avons appelé *le Département* à participer à certaines dépenses des corporations et à fournir son contingent de travaux publics , en temps de crise générale ou locale.

Ainsi , la subvention du département en faveur de tel ou tel hospice ou maison de refuge pour les orphelins , vieillards et incurables , lui donnera droit de faire admettre dans l'établissement subventionné un certain nombre d'individus présenté par ces trois catégories d'ouvriers.

Et les *Travaux réservés* du département devront admettre au moins pour moitié les ouvriers inoccupés de ces mêmes catégories.

Enfin, en cas de fléau, inondation , grêle ou autre desastre frappant principalement les campagnes , c'est à ces mêmes ouvriers que la réserve de l'Etat viendra surtout en aide.

Nous n'avons pas mentionné certaines professions comme
les porte-faix , brouettiers , camioneurs , etc. , employés dans
certaines villes et notamment dans les ports de mer , parce
que ces professions , quelque rudes qu'elles soient , s'exercent avec une certaine indépendance et ne lient pas le travailleur à un patron spécial ; en outre , parce que les travaux de
cette nature sont généralement tarifés par des ordonnances
ou réglemens locaux , de sorte que l'*employeur* n'est pas libre
de discuter le prix avec celui qu'il employe. Enfin ces professions sont généralement régies par des syndicats et constituées
en corporations libres qui réunissent les divers avantages que
nous proposons ici. Il suffirait donc de rendre cette organisation obligatoire , là où elle n'existe pas encore.

Quant aux ouvriers et employés des chemins de fer , des
compagnies de bâteaux à vapeur , des messageries et des entreprises de transport en général , leur formation en corporations
industrielles , ou associations de secours mutuels et même de
retraite , par la retenue imposée aux ouvriers et employés et
la subvention des administrations ou des chefs de l'entreprise,
cette institution existe déjà en grande partie. La loi qui la
rendrait obligatoire ne rencontrerait sans doute aucune difficulté.

———

Nous croyons avoir compris dans nos prévisions , à divers
degrés , mais proportionnellement aux besoins divers , toutes
les cathégories d'ouvriers , toutes les classes de travailleurs
salariés.

Le nombre en est grand et la liste en sera longue. Aussi
avons-nous appelé à leur aide le concours de toutes les forces
publiques et privées , tant par le besoin de n'en négliger aucune , que pour éviter le danger de surcharger l'une de ces
forces en épargnant l'autre.

1. Nous avons appelé d'abord les travailleurs salariés à se
secourir entre eux , autant que le permet le salaire de chacun.

2. Ensuite les chefs ou patrons industriels , à qui nous
demandons d'assister les travailleurs qu'ils emploient, par
l'abandon d'une petite part de leurs bénéfices en temps de
prospérité.

3. Puis la commune dans laquelle ils résident , qu'ils contribuent à enrichir et dont ils supportent les charges , leur
fournira assistance en proportion de ses revenus , c'est-à-dire
des charges qu'elle impose à tous et souvent au pauvre autant
qu'au riche.

4. De même du département , qui représente la masse des

contribuables propriétaires du sol plus généralement que les villes.

Et cette contribution du département , comme celle des villes , a d'ailleurs ici pour objet des travaux utiles en plus forte proportion qu'une assistance gratuite , puisque ces *travaux réservés* ne constituent en réalité qu'un ajournement ou une anticipation de dépense d'intérêt général.

5. Enfin se trouve appelé l'Etat, c'est-à-dire l'ensemble des contribuables de tout le pays ; de sorte qu'en cas de malheur les contrées les plus riches viennent au secours des plus pauvres et des plus souffrantes ; en application du principe de fraternité.

Le tout , sans préjudice des établissemens de bienfaisance , hôpitaux , hospices , etc. , actuellement existants , qui doivent sans doute être maintenus , mais dont l'insuffisance n'est que trop constatée. Du reste , les charges de ces établissemens actuels se trouveront certainement allégées , au moyen des diverses et nombreuses institutions qui seront créées , si notre plan est adopté, pour compléter l'assistance qu'ils ne peuvent fournir aujourd'hui que si imparfaitement.

VII.

Considérations à l'appui des mesures proposées.

—

Afin de reposer le lecteur qui aura bien voulu nous suivre jusqu'ici, de la fatigue que nous craignons de lui avoir fait éprouver, afin aussi d'appuyer nos propositions sur une autorité non suspecte , nous citerons quelques passages d'un travail intéressant que vient de publier dans la *Revue des deux Mondes* un écrivain distingué , dont l'esprit conservateur ne sera pas contesté , malgré ses vives sympathies pour les classes populaires. (1)

» ...... La plus belle marque de l'intelligence politique
» chez les classes moyennes en Angleterre , c'est l'attention
» qu'elles donnent aux besoins des classes ouvrières. Il y
» a deux budjets du pauvre dans ce pays , le budjet légal et
» le budjet volontaire ; il y a deux sortes de charités , la
» charité de la loi et la charité libre.

---

(1) Les classes moyennes en Angleterre et la bourgeoisie en France, par M. Nisard ; Revue des deux mondes , du 15 décembre 1849.

» Pour parler d'abord de la première , on sait à quelle
» somme énorme s'élève l'impôt des pauvres. Je ne loue
» ni ne blâme cet impôt ; son efficacité , sa moralité même
» ont été controversées ; c'est matière à débats entre les
» économistes. Je suis cependant touché de son effet immé-
» diat ; j'y vois les pauvres secourus , le pain donné à ceux
» qui ont faim , le précepte de l'Evangile accompli ; et je
» ne regrette pas d'ignorer une science qui m'apprendrait
» qu'un secours donné ainsi est mal donné , et qu'il vaut
» mieux , laisser souffrir le pauvre que le soulager contrai-
» rement aux règles économiques.

» Cet impôt est bien lourd. Bon nombre de familles plient
» sous le fardeau. Beaucoup , qui sont eux-mêmes sur le
» penchant de la pauvreté , ne peuvent secourir que sur
» leur nécessaire de plus pauvres qu'eux..... Cependant per-
» sonne ne propose la suppression de l'impôt. On trouve la
» charge excessive , mais on ne parle pas de s'y dérober ;
» on diffère d'avis sur le mode de paiement ; sur la dette ,
» on est d'accord.

» C'est du reste le débiteur qui repartit lui-même sa dette
» et qui la distribue par ses propres mains. Des gardiens des
» pauvres sont élus dans chaque commune pour remplir ce
» double office et concilier l'intérêt du pauvre avec les res-
» sources de ceux qui l'assistent. Toutes les semaines , ils
» se réunissent à la maison commune. Quiconque est dans
» le besoin peut se présenter à leur tribunal de charité ; ils
» examinent si sa pauvreté vient du travail ou du désordre
» et selon l'enquête , ils l'admettent à une part dans les
» revenus des pauvres , ou ils le refusent. D'autres agens de
» charité , nommés annuellement par le magistrat , exercent
» une sorte d'inspection de bienfaisance (overseers) sur les
» pauvres de la paroisse ; ils préviennent souvent les décla-
» rations , ils reconnaissent et ils font valoir le droit du
» pauvre honteux. S'il est valide , ils lui cherchent du tra-
» vail .

» La loi des pauvres peut n'être pas de bonne économie,
» mais elle est du moins de bonne politique. Elle prouve
» publiquement au pauvre que la société où il vit s'occupe
» de ses besoins et qu'elle cherche à porter remède aux
» inévitables maux qui naissent de l'inégalité des condi-
» tions , elle lui montre dans la classe la plus rapprochée
» de lui , l'élite des honnêtes gens qui , après avoir payé
» leur part de ce qui lui est dû , lui donnent encore leur
» temps pour en faire la répartition équitable , et qui
» tantôt écoutent sa plainte à leur tribunal , tantôt vont de

» leur personne la recueillir dans le taudis où se cachent
» quelquefois des souffrances fières , parcequ'elles ne sont
» pas méritées. Si elle n'ôte pas l'envie , elle lui ôte du
» moins ses prétextes.

» Les maisons de travail sont une des applications les plus
» discutées de l'impôt des pauvres.... La charité y a trop un
» air de geôle..... mais la maison de travail n'est pas une
» maison de force , le mauvais ouvrier y peut être amené
» par la perte de l'indépendance que donnent le travail
» et la conduite , mais il n'y entre que de son gré......
» Valait-il donc mieux laisser dans la rue , exposés à la ten-
» tation du vol , ces hommes , en trop grand nombre , que
» le vice a vaincus , et qui se sont rendus indignes soit du
» secours public que distribue au pauvre honnête le bureau
» des gardiens, soit du secours secret que viennent lui offrir
» les *Overseers*? Les maisons de travail sont instituées
» spécialement pour ces refractaires du travail.....

» Au reste, quel que soit le mérite de la charité légale en
» Angleterre , je lui préfère de beaucoup la charité libre.
» Celle-là est véritablement l'honneur de ses classes moyen-
» nes. Le gouvernement ni la loi n'y contribuent en rien ; ils
» peuvent même n'en savoir rien. Cela se passe entre l'assisté
» et ceux qui l'assistent. Il y a comme deux flots qui sem-
» blent lutter de grandeur et de vitesse ; le flot de la popula-
» tion , qui multiplie les chances de misères , et le flot de la
» charité libre. Ceux qui possèdent ont l'œil sans cesse ouvert
» sur cette multitude sans cesse grossissante d'êtres dépourvus.
» Ils n'en sont d'ailleurs ni découragés ni épouvantés ; ils
» croient trop en Dieu pour craindre qu'il cesse de les aider
» dans leur tâche secourable : ils sont trop bons anglais pour
» douter que la patrie puisse suffire à tous ses enfans.

» Les établissements fondés par la charité libre sont sans
» nombre. Tout ce que la misère , la mort , l'abandon jette de
» pauvres créatures sur le pavé, est recueilli. J'en dis trop peut-
» être ; des deux flots , celui de la misère est toujours en avant ;
» mais ce qui n'est pas encore recueilli va l'être. Il y a des
» gens qui y veillent , et personne ne se croit arrivé à la
» limite de ses sacrifices. Où la pitié ne parle plus , le sen_
» timent du devoir politique commande encore. Il ouvre la
» main de l'avare ; le créancier le plus dur est quelquefois le
» débiteur le plus exact du pauvre. Il est peu de villes où on
» ne compte un ou plusieurs de ces établissemens , et il est
» telle ville dont le seul monument est une maison de cha-
» rité...... Ces établissemens ne sont pas seulement bien
» situés et d'ordinaire dans la partie la plus aërée des villes ;

» l'architecture en est de bon goût et bien appropriée......
» Quelques-uns de ces établissemens portent écrit au fron-
» tispice : *Souscription volontaire* : non pour montrer la
» main qui donne , mais pour inviter celle qui ne donne
» pas. Telles de ces souscriptions sont des dettes perpé-
» tuelles ; elles se transmettent aux héritiers comme une
» charge de succession , et c'est la première qu'on acquitte.
» Les noms des donataires sont gravés sur des tables de
» marbre dans le parloir ; ils en attirent d'autres. Tout cela
» se fait sans l'Etat ; l'Etat , cet être de raison sur lequel
» nous voudrions ici nous décharger de tout le bien à faire
» dans ce monde !
» On a évalué le budget de la charité légale en Angleterre;
» le budget de la charité libre est incalculable. L'aumône
» individuelle ne reste pas en arrière de la charité collective,
» elle n'est pas moins ingénieuse et elle est plus aimable ;
» c'est quelquefois sous les traits d'une jeune fille qu'elle se
» présente chez les pauvres gens. La permission d'aller por-
» ter des secours à des indigens est souvent la récompense
» d'un devoir d'éducation bien rempli. Qu'est-ce qui s'avi-
» serait de manquer de respect à la jeune fille qui passe ?
» Elle va , dans quelque rue écartée , porter discrètement
» à une veuve accablée d'enfants l'aumône de sa mère avec
» l'argent de ses plaisirs...
« Les pauvres sont plus nombreux dans les centres d'in-
» dustrie ; aussi nulle part la charité n'est-elle plus inven-
» tive. Tout autour d'une fabrique , les gens aisés s'instituent
» d'eux-mêmes gardiens de tous les pauvres que peut y en-
» gendrer l'irrégularité du travail industriel. On secourt ceux
» que le chômage des établissemens prive momentanément
» de travail ; on apprend aux jeunes à se pourvoir par l'éco-
» nomie contre ces vicissitudes ; on donne pour soulager la
» pauvreté , et on donne pour la prévenir. Les soins préven-
» tifs sont peut-être l'application la plus touchante de la cha-
» rité individuelle. Le nombre des pauvres est bien grand ,
« mais plus grand encore est le nombre de ceux qui peuvent
» le devenir. La charité la plus efficace est celle qui parvient
» à retenir l'ouvrier sur le bord de cet abîme , qui , par des
» soins donnés au corps et à l'ame , l'aide à passer l'âge le
» plus dangereux , et, en lui inspirant l'habitude de se suf-
» fire, lui prépare quelque jour la douceur de secourir les
» autres à son tour.
« Ici c'est une femme jeune , élégante, qui reçoit tous les
» samedis , dans une des salles de sa belle demeure, les jeu-
» nes ouvrières de la fabrique voisine. Elles viennent dans

» cette maison, un moment la leur, entendre une lecture
» religieuse que la maîtresse accompagne d'interprétations
» familières. Tout plaisir, toute distraction cesse dès que
» l'heure du devoir envers le pauvre a sonné. Des prix
» sont distribués, à certaines époques de l'année, aux plus
» attentives, sans que celles qui l'ont été moins s'en retour-
» nent les mains vides. C'est encore de la charité aimable,
» là où les mérites sont inégaux et où les besoins sont les
» mêmes, de savoir récompenser les mérites sans paraître
« frustrer les besoins. Les prix sont des objets d'habille-
» ment. Plusieurs de ces jeunes filles doivent à l'intelligence
» et à l'attention qu'elles ont montrées dans ces exercices
» une toilette décente qui contribue à les relever à leurs pro-
» pres yeux.

« Ailleurs on reçoit les petites économies qu'elles font sur
» le prix de leurs journées ; on les fait valoir, on le leur dit
» du moins, et aux approches de la mauvaise saison on leur
» achète des habillemens qu'elles croient avoir payés. On leur
» cache ce que la charité de leurs banquiers ajoute au capi-
» tal et aux intérêts ; on risque qu'elles soient moins recon-
» naissantes, pour qu'elles soient plus prévoyantes...

« De tout ce que j'ai cru voir de l'état moral de l'Angleterre,
» rien ne m'a plus frappé que cette attention donnée aux pe-
» tits. J'avais apporté dans ce pays ma part de la préoccupation
» universelle de notre époque, sur ce que les sociétés ont à
» faire dans l'intérêt des Classes ouvrières. Je voyais un pays
» où l'on en parle peu, où l'on ne se fait pas l'avocat des
» souffrances du peuple pour gagner une autre cause, mais
» où l'on agit tous les jours, sans relâche, sans bruit, et où
» les pauvres sont secourus et ne sont pas exploités..... On
» ne voit pas là une bourgeoisie qui ne fait rien par elle-même,
» et attend que le pouvoir fasse pour elle...

« C'est ainsi que les Classes moyennes, en Angleterre, sou-
» lagent le gouvernement, en partageant la tâche avec lui.
» Au gouvernement la politique, à la société ce qui est de-
» voir social. En France, nous n'aidons pas le gouvernement
» et nous attendons tout de lui. Nous sommes ses juges les
» plus difficiles et ses auxiliaires les moins efficaces...

« Tout n'est pas charité, sans doute, dans le soin que la
» bourgeoisie anglaise prend des petits. Je veux même qu'il
» y entre le désir de conjurer cette force qui emporte tout.
» Aimerait-on mieux qu'elle attendît, dans l'imprévoyance
» de l'égoïsme, qu'on lui vînt arracher ce dont elle n'aurait
» rien voulu donner ? Et s'il est vrai que sa charité soit du
» calcul, n'est-ce pas pure chicane de disputer le nom de

» vertu à cette sagesse qui compose notre bonheur de beau-
» coup de biens pour nous et d'un peu de bien pour les autres ?
» Mais non ; donner, c'est-à-dire s'ôter quelque chose des
» mains ; reconnaître, dans ce qu'on possède, la part d'au-
» trui ; avouer une dette qu'on n'a pas souscrite ; rendre à
» Dieu, par la main des pauvres, une partie des fruits du
» travail qu'il a béni ; apporter sa redevance à celui que
» Bourdaloue, dans sa familiarité sublime, appelle le caissier
» des pauvres ; c'est et ce sera toujours de la vertu. Et la cha-
» rité faite en grand, la charité passée à l'état d'institution,
» est et sera toujours la première des vertus politiques chez
« un peuple libre...

» La bourgeoisie française a-t-elle quelque chose à imiter
» des Classes moyennes en Angleterre ? Une imitation de ce
» genre est-elle possible et honorable ?

»... N'est-il donc pas possible qu'une nation douée comme
» la nôtre se donne, par l'intelligence et le raisonnement,
» des qualités qu'elle n'a pas, ou perfectionne du moins celles
» qu'elle a ? N'y a-t-il pas pour les peuples, comme pour les
» individus, une culture, une éducation par le temps et l'ex-
» périence, qui corrige les mauvais penchants, développe et
» fortifie les bons ? Un français qui aime sa patrie ne peut pas
» prendre son parti là-dessus. Il ne consent pas à ce qu'une
» nation qui, de l'aveu universel, est le premier soldat, le
» premier penseur, le premier artiste de l'Europe moderne,
» que la nation qui a vu le plus clairement et le mieux expri-
» mé toutes les vérités par lesquelles se forment et subsistent
» les sociétés humaines, soit incapable de devenir plus poli-
» tique.

»... Le devoir envers les petits ne souffre pas de délai. Nous
» n'y sommes pas novices, d'ailleurs. La France fait d'im-
» menses sacrifices pour les Classes ouvrières, et nous y met-
» tons la grace française, ce qui n'y gâte rien ; mais nous
» pouvous faire plus, ou faire plus efficacement ce que nous
« faisons. La charité anglaise est peut-être moins aimable ;
» elle a plutôt l'air d'un acte sensé que d'un mouvement
» de cœur ; mais elle est plus efficace. Il y a d'ailleurs une
» fort grande différence entre la charité individuelle et la
» charité érigée en institution.....

» La charité sera publique par l'association. Que les se-
» cours viennent directement de ceux qui ont à ceux qui
» n'ont pas, sans passer par la main de l'État, ils seront plus
» fraternels. N'attendons pas la loi ; la loi prendrait ce que
» nous aurions donné, et nous ôterait le mérite du sacrifice.
» N'y a-t-il pas des institutions à fonder, des avances sans

» intérêts ou des dons à faire aux communes pour créer du
» travail dans les temps de gêne, des Caisses où, par une
» première dotation provenant de dons, on attirerait les
» économies de l'ouvrier ? Que sais-je ? Où il y a tant a
» donner, manquerait-il donc des moyens de donner ?
» Enfin, songeons-y, si nous voulons rester libres : Cette
» question des petits contient l'anarchie et le despotis-
» me..... »

On ne nous fera certainement pas un reproche d'avoir cité aussi longuement un écrit si plein de bon sens et de bons sentiments, d'une éloquence si persuasive et qui vient si à propos nous servir d'appui dans un travail peut-être au-dessus de nos forces.

Il est doux pour celui qui, sans mission et sans autorité, a osé prendre la plume ou la parole pour traiter une question d'intérêt public, au risque de s'entendre accuser par les uns de *socialisme*, par les autres peut-être de *tiédeur* pour les Classes souffrantes, de se voir ainsi inopinément encouragé, soutenu, par un cœur généreux, une plume exercée, qui sans le connaître et placé à un point de vue politique différent, semble avoir écrit de son côté sous une inspiration tout-à-fait pareille.

Bien d'autres, sans doute, que l'écrivain éminent et honnête-homme que nous venons de citer, partagent ses vues et ses sentimens. Qu'ils le manifestent hautement comme lui, comme nous, et bientôt l'opinion générale se prononcera avec une autorité irrésistible sur cette question sociale, jusqu'à présent trop exclusivement livrée à la discussion des partis. Les esprits trop ardents et les cœurs trop secs seront eux-mêmes entraînés à prendre part à l'œuvre, quand ils la verront sérieusement entreprise. Et les difficultés de cette œuvre disparaîtront devant l'assentiment et le concours de tous les *hommes de bonne volonté.*

IX.

Examen des détails d'exécution.

Nous aurions voulu ne rien ajouter à la citation que nous venons de produire. En effet, nous ne saurions trouver de réponse plus péremptoire à toutes les fins de non recevoir qui nous seraient opposées, que ce tableau saisissant de ce qui se fait à côté de nous, avec l'assentiment et le concours des Classes qui possèdent, et à la satisfaction de celles qui n'ont pour vivre que leur travail.

La meilleure leçon à présenter à notre nation, qui passe pour sociable et sympathique entre toutes et qui proclame comme régle de sa politique le principe de fraternité, est sans doute l'exemple de cette nation anglaise que l'on a si souvent taxée de froideur et d'égoïsme et qui, en outre, vit sous une monarchie aristocratique, encore entachée de féodalité.

Mais nous ne devons pas oublier que, dans plus d'une discussion de l'Assemblée Constituante et de l'Assemblée actuelle, des hommes d'état éminents et d'une influence prépondérante ont émis des opinions qui pourraient sembler hostiles aux mesures que nous proposons ; et l'on ne manquerait pas de nous dire que ces hommes d'état connaissaient parfaitement ce qui se passe en Angleterre pour l'assistance régulière des Classes souffrantes, et qu'ils n'ont pas tenu pour concluant l'exemple de ce pays.

Ce serait un grand malheur, nous n'hésitons pas à le déclarer, que d'avoir à lutter contre de pareils adversaires. Mais nous croyons qu'il n'y a chez eux de parti pris que contre les théories absolues du socialisme, telles qu'elles ont été professées au Luxembourg et dans divers écrits ou discours des utopistes, théories que nous avons combattues nous-mêmes, et des premiers (1), que nous nous efforçons surtout de combattre ici (tout lecteur impartial nous rendra cette justice), en substituant le possible à l'impossible.

Entr'autres indices favorables, nous sommes heureux de pouvoir rappeler l'ouvrage si lumineux de M. Thiers sur *La Propriété*. Bien que ce livre ait été écrit en un moment où

---

(1) Questions à l'ordre du jour (10 avril 1848.) Chap. 8. *Des Travailleurs.*

il s'agissait, avant tout, de défendre une des bases de la société attaquée alors avec un véritable cynisme, l'auteur, reconnaissant la nécessité de venir au secours des Classes souffrantes, signalait comme pouvant y concourir *la Réserve que ferait l'État de certains travaux* destinés à employer les bras inoccupés *en temps de crise*.

Du reste, il serait injuste de faire un reproche à ces hommes d'état d'avoir été plus préoccupés des idées d'ordre et d'économie que de toute autre, en des temps où la fortune publique semblait prête à périr. Si la banqueroute fût survenue, il n'est pas douteux que les misères du peuple en eussent été énormément aggravées. Ils allaient *au plus pressé* et servaient à la fois l'Etat et le peuple en travaillant à arrêter les progrès du mal ; s'il leur est arrivé alors d'écarter des propositions qui avaient pour but d'y parer à l'avenir, ce ne pouvait être, dans leur pensée, qu'un ajournement. — Au moment où un fleuve furieux déborde et rompt ses digues, que dirait-on de celui qui viendrait alors proposer aux riverains d'en construire de nouvelles sur un plan plus large, pour donner au fleuve un plus facile écoulement ? C'est aux anciennes digues qu'il faut courir d'abord, pour les réparer au plus tôt et arrêter par tous les moyens les eaux qui se précipitent. Plus tard, on songera à l'élargissement du cours du fleuve et aux moyens de transformer ses débordements funestes en irrigations salutaires.

Nous croyons le moment venu de procéder à ces travaux ; lorsque le fleuve est rentré dans son lit, ce n'est plus les anciennes digues qu'il faut réparer et renforcer ; l'expérience a trop prouvé que des crues périodiques sauraient encore les franchir et finiraient par les emporter. Sacrifions donc une petite portion des terres sumersibles, pour faire place au courant et sauver le reste du territoire menacé !

Une fois la nécessité reconnue et l'opportunité admise, il sera sans doute moins difficile de s'entendre sur les moyens.

Le système anglais, si complet et si méritoire qu'il paraisse dans son ensemble, n'est pas à l'abri de toute critique ; et fût-il parfait, il serait encore impossible de l'importer en France sans modifications.

En tout temps et en tout pays, les mœurs influent sur les institutions, comme les institutions réagissent à leur tour sur les mœurs.

Malgré l'imposant spectacle qu'offre l'organisation politique et administrative de l'Angleterre, dans son mécanisme intérieur et dans ses résultats sur tous les points du globe, il y a là un vice caché, profond, qui se révèle surtout en

Irlande , malheureux pays où la loi des pauvres paraît inefficace , ou plutôt impossible. A ne considérer même que
l'Angleterre proprement dite , il est certain que l'état social
de ce pays a pour résultat le paupérisme sur une échelle bien
plus vaste qu'en France. Ce n'est pas impunément que le sol
anglais se trouve concentré en la possession du plus petit
nombre.... L'industrie agricole , plus perfectionnée dans ses
procédés , y est constituée de manière à éliminer autant que
possible le surcroît de sa population , tandis qu'en France ,
le travail continu du morcellement, joint à l'imperfection
des procédés de notre agriculture , tend à retenir et employer
au moins une partie de ce surcroît annuel de population.

En même temps , l'immense extension du commerce britannique sollicite constamment les manufactures de ce pays
à accroître la masse de leurs produits. Et c'est pour fabriquer ces produits demandés par le commerce , que les manufactures appellent ou acceptent l'excédant d'ouvriers que leur
offre ou leur cède l'agriculture. Admirable mécanisme , au
point de vue purement industriel !

Mais que le commerce vienne à réduire ses demandes , que
quelqu'un de ses débouchés importants vienne à lui faire
défaut , à leur tour les manufactures viendront solliciter le
commerce et la consommation par l'abaissement des prix
de leurs produits , à quoi elles ne pourront parvenir qu'en
abaissant les salaires ; dès lors la misère commence , et si la
consommation s'obstine à refuser ces offres, même à vil prix,
alors il faut bien arrêter les travaux et l'ouvrier se trouve
sur le pavé.

C'est ainsi, ou à peu près, que les choses se passent aussi
chez nous , mais sur une moindre échelle, soit parce que
notre industrie commerciale est plus timide et nos manufactures moins développées (1) , soit parce que notre agriculture
reprend beaucoup plus facilement, en pareil cas , une partie
des bras qu'elle avait rejetés en d'autres temps , ou qui
l'avaient quittée par l'appât de salaires plus élevés ou de
travaux moins rudes.

Il y a donc *moins à faire* chez nous qu'en Angleterre (2),

----

(1) C'est ce qui explique l'erreur de certaines gens , qui repoussent
tout progrès ou perfectionnent des diverses branches de l'industrie ,
(agricole commerciale et manufacturière,) comme funestes aux populations. — Leur théorie revient à ceci : « Qu'il faut rester pauvre , de
peur de le devenir.»

(2) Si l'on voulait pousser à fond cette comparaison entre les causes du pauperisme dans les deux pays et les charges qui en résultent
de part et d'autre pour l'Etat, il faudrait tenir compte , entr'autres

pour améliorer le sort de l'ouvrier manufacturier, pour lui ôter cette tentation de l'émeute ou de l'insurrection , accidents si fréquents et si graves en France , et qui sont devenus de plus en plus rares en Angleterre, à mesure que les sacrifices des Classes qui possèdent se sont étendus et généralisés.

D'ailleurs , ce qui est à faire en France , il ne faut pas l'attendre uniquement d'un mouvement spontané des Classes qui possèdent : 1° parce qu'elles sont trop accoutumées à ne rien faire de sérieux et de suivi que *par ordre supérieur ;* 2° parce qu'elles ne procèderaient que par essais et tâtonnements, entraînant des lenteurs inadmissibles dans le cas dont il s'agit. Il faut donc ici que la loi supplée aux mœurs !

Voilà pourquoi nous avons proposé de rendre obligatoires (sous le nom de corporations industrielles), ces associations de secours qui , en Angleterre , se forment si bien sans l'intervention de la loi.

Et en imposant à l'ouvrier l'épargne lorsqu'elle lui est possible , nous faisons d'abord subvenir en sa faveur les patrons , en temps de prospérité et en raison de leurs bénéfices présumés , parce que nous croyons que les patrons , qu'ils soient à la tête d'une manufacture , d'un atelier plus ou moins considérable , ou d'une simple boutique , seront, entre tous ceux qui le peuvent , *les plus disposés* à assister l'ouvrier qui concourt à leurs travaux.

Le contraire a été soutenu et on a qualifié les patrons d'exploiteurs ; mais nous sommes persuadé que ce reproche n'est applicable qu'à la minorité, qui sera nécessairement entraînée. Quant aux patrons artisans, qui , plus qu'eux en temps de détresse, apprécie et déplore les misères de l'ouvrier ?.... Quant aux chefs de manufactures, en beaucoup de contrées il existe déjà des associations de secours aux quelles ces chefs fournissent spontanément des subventions ; il ne s'agit que de régulariser et completter la mesure. Du reste , on a remarqué dans nos Assemblées politiques , que le petit nombre de chefs d'industrie qui y siégent est généralement le plus em-

---

circonstances, des suivantes : 1° Des centaines de mille soldats et des centaines de mille fonctionnaires ou emp'oyés civils que l'Etat entretient chez nous, de plus qu'en Angleterre ; toutefois la somme de ces deux catégories de subventionnés du budget français, se trouverait probablement compensée, et au de-là, par le chiffre des émigrants que l'Angleterre expédie annuellement dans ses Colonies et aux Etats-unis ; 2° De ce que l'ouvrier français (aussi laborieux , mais moins productif que l'ouvrier anglais,) est moins exigeant pour sa nourriture et ses autres besoins ; de sorte qu'il est moins près de la misère.

— 48 —

pressé à voter les mesures les plus favorables à la Classe ouvrière.

Des économistes de cabinet ont exprimé la conviction qu'en pareil cas, le versement du patron sera indirectement retenu par lui, au moyen d'un abaissement proportionnel du salaire de ses ouvriers. Nous croyons bien que quelques-uns pourront le tenter, mais en général cela n'arrivera pas. Lorsque les patrons seront habituellement en contact avec les délégués de leurs ouvriers, pour s'occuper de leurs besoins, de leurs misères, nous ne doutons pas que les bons sentiments ne dominent de part et d'autre et que les discussions de salaires ne soient singulièrement simplifiées et beaucoup plus facilement résolues.

L'important, c'est que l'Administration ne s'en mêle pas ; qu'on laisse les parties discuter librement et publiquement leurs rapports réciproques, et elles s'entendront bien vite. Mais si le Maire ou le Préfet intervient à tout propos, si le patron peut appeler la force armée, si l'ouvrier de son côté peut invoquer l'appui de l'autorité, alors ce ne seront plus des discussions, ce seront des procès ; les ouvriers trouveront des avocats diserts aussi bien que les chefs ; on plaidera, on s'aigrira et tout se terminera, comme à présent, par une prison de quelques mois et des rancunes de toute la vie !

On ne doit pas oublier que les *Comités* de corporations étant élus comme les Conseils de prud'hommes, ces Comités se trouveront composés d'ouvriers choisis par les patrons et de patrons désignés par les ouvriers ; il y aura donc dès l'abord confiance réciproque et non pas hostilité.

En définitive, s'il existe entre le patron et l'ouvrier des intérêts divergents, il y a aussi des intérêts communs. Les uns et les autres sont des travailleurs. Si l'un paye mieux, l'autre peut aussi produire mieux ou davantage. Ce sont ces intérêts communs qu'il s'agit de faire prédominer. Les économistes de cabinet ne tiennent pas, généralement, assez de compte de la moralité humaine ; nous croyons qu'en cela ils ont tort et que l'expérience le prouvera.

Un autre point qui fera se récrier certains économistes, c'est cette clause que le chef ou patron devra contribuer *en raison de ses bénéfices présumés*. On ne manquera pas d'objecter que ces bénéfices seront dissimulés, atténués.

C'est en effet un usage assez fréquent en France de se faire pauvre lorsqu'il s'agit de payer. C'est surtout à l'égard du fisc que le contribuable se permet cette fraude ; il considère, à tort ou à raison, le fisc comme un ennemi, qu'il peut tromper sans scrupule.

C'est là , j'en conviens , un reproche à faire au contribuable français. Peut-être y a-t-il aussi quelque peu de la faute
du fisc , s'il n'a pas su jusqu'à présent persuader à la masse
que ses prélèvements sont *bien assis* et *bien employés ?*....
Mais laissons cette question de côté.

Il y a aussi en Angleterre des hommes cupides , des avares ,
des gens de mauvaise foi ; mais là comme en France , c'est
le petit nombre ; et l'observation la moins suspecte témoi-
gne que , dans ce pays , lors même que la contribution est
volontaire , les plus âpres au gain et à la curée se montrent
aussi exacts que les plus généreux , à fournir leur part contributive pour les pauvres.

Ne voyons-nous pas souvent quelque chose de semblable
en France ? qu'une souscription soit ouverte dans les journaux pour une œuvre de bienfaisance quelconque , n'est-on
pas , bien des fois , agréablement surpris de rencontrer ,
devant les chiffres les plus élevés , des noms que l'on n'aurait pas cru appartenir à des donataires si prodigues ? —
C'est la vanité qui les pousse en pareil cas , dira-t-on ; ou
par fois la peur , ou la politique.... Nous disons que c'est ,
avant tout , l'entraînement d'un bon exemple ; et nous ne
nous inquiétons pas des autres sentiments qui ont pu y concourir. Nous avons entendu professer par un homme de
bien , riche industriel , cette noble maxime que : *Richesse
oblige !* Il trouvera de l'écho en France.

Chez les industriels , il est un autre mobile qui aidera
puissamment à empêcher les patrons d'atténuer leurs bénéfices habituels ; c'est la crainte de nuire à leur propre crédit.
Nous ne voudrions pas qu'un chef d'industrie se montrât libé-
ral outre-mesure , dans le but de se procurer un crédit qu'il
n'aurait pas mérité. Mais l'usage de ces petits et vains moyens
ne sera pas créé par l'institution nouvelle ; cet usage existe.
Ne voit-on pas quelquefois tel industriel , au moment où l'état
de ses affaires devient douteux , menaçant , augmenter sa
dépense , se permettre un luxe inaccoutumé , pour en imposer à ses créanciers , pour dissimuler son état de gêne ou de
détresse ? Le chiffre de sa part contributive dans la Caisse du
Comité ne sera donc qu'un moyen de plus offert à cette hypo-
crisie commerciale , et ce moyen sera plus excusable , puisque
du moins il profitera aux malheureux.

Ce qui nous paraît certain , c'est que le plus grand nombre
des chefs ou patrons , en état de prospérité , ne voudra pas
dissimuler cette prospérité , en lésinant sur son versement à
la Caisse de secours. S'il est vrai que quelques-uns cherche-
ront à s'en faire un moyen de crédit factice , quel est celui

qui voudrait *risquer le discrédit*, en fraudant la bienfaisance?

Du reste, nous ne prétendons pas que chacun soit tenu de présenter son inventaire annuel, quoique cela ait lieu sans inconvénient dans les sociétés anonymes et en commandite ; jusqu'à un certain point, la déclaration des souscripteurs devra faire foi. Enfin, puisqu'on trouve des répartiteurs pour les impôts actuels (1), sans trop de réclamations, pourquoi désespérer d'en trouver de plus équitables encore parmi des

---

(1) Un impôt spécial à l'industrie, celui de *la Patente*, se trouve déjà appliqué aujourd'hui en raison de l'importance présumée des affaires du contribuable, c'est-à-dire en raison de ses bénéfices présumés.

Malgré notre détermination de ne pas aborder ici les questions relatives à la réforme des impôts, nous ne pouvons éviter d'exprimer notre opinion au sujet de la Patente.

On a dit que c'est une Amende imposée aux travailleurs, au profit des oisifs ; on a établi assez clairement que c'est là une tradition de l'époque féodale, ou du moins du régime du monopole.

Nous croyons que la Patente ne peut être justifiée qu'à titre d'impôt sur le revenu.

Ainsi considéré, on reconnaîtra que cet impôt est vicieux, en tant que frappant le commerçant, l'artisan et le manufacturier, 1° parce qu'il forme double emploi avec d'autres taxes, qui frappent soit les marchandises brutes, soit les produits manufacturés ; 2°. parce qu'il pèse sur l'industriel lors même qu'il ne gagne rien, ou qu'il éprouve des pertes, au lieu de réaliser des bénéfices.

On trouvera qu'il pèse moins injustement sur les Banques, les banquiers, et sur les entreprises privilégiées, soit parce que l'argent n'est pas imposé comme les autres marchandises, soit en raison d'autres priviléges, tels que concessions de Mines, Canaux, Chemins de fer, etc.

On regrette que la Patente ne puisse atteindre le Capitaliste proprement dit. Notre avis à cet égard est que le prélèvement le plus convenable sur les Capitaux, et le seul efficace, c'est l'abaissement du taux de l'intérêt.

A présent, en proposant de prélever sur les manufacturiers et artisans une part de leurs bénéfices, au profit de leurs ouvriers, nous devons nous attendre au reproche de vouloir aggraver encore pour eux cet impôt, que nous qualifions de vicieux.

· Nous irons au devant de ce reproche, en déclarant que l'impôt des Patentes nous parait impossible à conserver dans sa forme actuelle ; et ne doutant pas que le maintien de la paix intérieure et extérieure n'amène une notable réduction dans les dépenses publiques, nous croyons pouvoir proposer ici soit le dégrèvement, soit la transformation de cet impot ; c'est-à-dire :

— Le dégrèvement de tout patron opérant un versement équivalent à la Caisse de la corporation à laquelle il appartient ;

— Ou la suppression de la clause des versements de patrons dans les corporations, en remplaçant ces versements par l'apport du montant de leur patente.

hommes de même profession , se connaissant tous et au besoin se contrôlant les uns les autres , sous les yeux de leurs subordonnés , au vu et su de tout le monde ?

Car nous croyons que la publicité et le grand jour devront éclairer tous les actes des nouvelles institutions , dans l'intérêt de ceux qui donnent , comme de ceux qui reçoivent.

En effet , outre la subvention des patrons et chefs d'industrie , nous proposons d'appeler le concours , par dons et legs , de toute personne appartenant ou non à la corporation. C'est bien le moins d'accorder la publicité , en reconnaissance de bienfaits de cette nature ; et si la vanité y est ainsi pour quelque chose , ce sera au moins de la vanité bien placée.

Cependant , il peut arriver que les ressources d'une corporat on se trouvent insuffisantes , au moment où se déclareront ses plus pressants besoins , où les ouvriers deviendront exempts de la retenue sur leurs salaires , où la plupart des chefs seront eux-mèmes dans la nécessité de réduire ou de suspendre leurs versements. C'est alors que la corporation pourra invoquer le secours de la commune , du département ou de l'Etat. C'est alors aussi que les souscriptions ou dons volontaires pourront être stimulés , et s'accroîtront sans doute en raison des besoins de la population que chaque corporation représente.

Mais ce n'est pas seulement des besoins qu'il sera tenu compte. Ces secours , officiels ou privés , seront aussi proportionnés à la confiance qu'aura inspirée le Comité par sa bonne administration , et à l'estime qu'aura méritée la corporation elle-même , par la bonne conduite de ses membres. Emulation de secours d'une part , à condition d'émulation de moralité de l'autre !

On voit d'ailleurs que l'assistance organisée n'empêchera pas , ou plutôt qu'elle provoquera et activera l'exercice de la charité privée.

X.

Même Sujet.

—

Emploi des Fonds.

Il semble qu'il y ait moins à se mettre en souci de l'emploi des fonds des corporations que des moyens de se les procurer. Il sera pourtant nécessaire de régler cet emploi , au moins dans ses applications générales, afin d'empêcher l'épuisement, pour une seule nature de besoins, des ressources qui seraient bientôt réclamées par d'autres aussi pressants , ou plus pressants encore.

Nous avons proposé à cet effet la classification qui paraît la plus naturelle et en même temps nous avons indiqué le contrôle plus ou moins élevé et indépendant , sous lequel chaque nature de dépenses devra être effectuée ; toutefois nous avons évité de recourir à l'autorité ministérielle , trop éloignée, trop accablée d'affaires , trop lente dans ses mouvemens , pour pouvoir exercer efficacement ce contrôle , qui doit rester dans la compétence des autorités locales , jusqu'à ce que le progrès des mœurs et une pratique suivie permettent d'en affranchir entièrement les corporations.

—

Quant aux subventions éventuelles de la commune , du département et de l'Etat en faveur des corporations qui seront dans le cas de les reclamer , l'opportunité en sera appréciée et la quotité déterminée par les autorités , ou corps constitués , appelés à fournir ces subventions , dans la forme et sous le contrôle ordinaire.

Nous avons dû nous attendre à une grave objection , au sujet de ces prélèvements que nous proposons de faire, en faveur des classes souffrantes , sur les divers budgets , communal , départemental et de l'Etat. On répétera, car cela a déjà été dit, que ces budgets sont alimentés par la masse des contribuables , parmi lesquels les riches ne figurent que comme exceptions ; on nous reprochera donc de vouloir soulager les pauvres au moyen de subventions prélevées sur des fonds *principalement fournis par les pauvres.* (1)

On semble n'avoir pas remarqué, en présentant cet argument, qu'il contient implicitement la plus sanglante critique de notre système d'impôts.

Pour nous, nous ne sommes pas éloigné d'admettre que cette critique est jusqu'à un certain point méritée, mais nous la repoussons en tant qu'absolue ; nous croyons, par exemple, que les quatre contributions directes, sans être assises aussi équitablement qu'on pourrait le désirer, pèsent pourtant plus généralement sur le riche que sur le pauvre ; de même des droits d'enregistrement, d'une bonne partie des droits de Douane, etc.

Mais fût-il vrai, comme on l'affirme, que c'est le pauvre qui paye la masse des impôts en France, nous ne voyons pas en quoi cette circonstance s'opposerait à ce qu'une partie du produit de ces impôts soit plus spécialement affectée au soulagement du pauvre ! Quoi donc, le pauvre peut payer, et il ne pourrait pas recevoir ! ..... Si nous proposions d'établir, pour les besoins en faveur desquels nous réclamons, un impôt spécial qui ne péserait que sur les riches, on ne manquerait pas de dire que nous renouvelons la brutale proposition-Barbès..... Qu'on nous permette donc de laisser à l'écart ces questions irritantes. Nous avons exposé les besoins, démontré leur urgence ; nous nous adressons, pour les soulager, à toutes les Caisses qui peuvent y concourir, par une *réserve* ou prélèvement fort modéré, qui ne semble devoir nuire à aucun service public, qui n'aura probablement d'autre effet que d'introduire quelques économies dans les dépenses publiques. Si l'argent que nous proposons de puiser dans ces Caisses provient des pauvres en général, nous ne croyons pas qu'il puisse être mieux employé qu'au soulagement des plus malheureux entre les pauvres.

Sans doute il eût été mieux de ne pas le prendre à ceux-là ; mais il semble que c'est un motif de plus de le rendre à ceux-ci.

Que l'on s'occupe de réformer notre système d'impôts,

---

(1) Tout en nous appliquant a répondre à cette objection, nous avouons ne pas comprendre comment il se fait qu'elle n'ait été produite, par les économistes et financiers conservateurs, qu'à l'occasion de l'emploi d'une partie des recettes en faveur des pauvres, et jamais à l'occasion des propositions de gros traitements, listes civiles, etc.

si on le reconnaît défectueux ; mais en attendant , l'État ne saurait se dispenser d'employer les produits des impôts actuels de la manière la plus juste et la plus utile. La mauvaise assiette de l'impôt se trouvera en quelque sorte excusée , rachetée , par le bon emploi qui en sera fait. De deux vices , c'est bien quelque chose d'en supprimer un.

———

Eh quant à cette partie des *réserves publiques* que nous proposons d'appliquer à des travaux d'utilité générale ou locale, en temps de crise , cet emploi sans doute n'aura pas besoin d'apologie. Nous le croyons bien préférable au mode anglais des *Workhouses* , ou maisons de travail ; car ces établissements sont coûteux à fonder , difficiles à administrer , et ne fournissent généralement que des produits insignifiants. D'ailleurs , ces maisons, comme l'a observé M. Nisard , ont toujours un air de geôle , et leur séjour est profondément humiliant pour l'ouvrier que la misère y amène.

—On a pu trouver singulier qu'en nous occupant de misères si variées et si étendues , nous ayons pris la peine de rechercher les moyens de placements les plus avantageux *pour les capitaux* que ces misères auront laissé sans emploi.

Certes , nous n'osons pas espérer que ces placements deviennent, pour la plupart des Corporations ou associations de secours , un sujet d'embarras ou de discussions. Cependant nous avons grande confiance en certains principes qu'il s'agit ici d'appliquer , ou dont il s'agit de régulariser les effets : nous voulons parler des principes d'ordre , d'économie , de concorde..... Leurs fruits seront peut-être plus abondants qu'on ne pense ! (1)

Du reste , nous connaissons diverses associations ouvrières qui ont ainsi accumulé des capitaux , après avoir satisfait à leurs besoins annuels : elles les ont placés la plupart dans

———

(1) Sans prétendre établir à l'avance une évaluation approximative des revenus de ces associations , on peut bien admettre qu'une corporation , après avoir couvert ses dépenses pour besoins urgents et pour fondations utiles , au moyen de ses ressources propres et des subventions régulières que nous avons indiquées , reçoive inopinément une donation ou un legs de quelque importance , qu'elle ne saurait utiliser immédiatement. Faudra-t-il , dans ce cas , repartir le capital survenu entre tous les ouvriers de la corporation , ou en faire le placement au profit de tous ? C'est ce dernier emploi qui nous paraît préférable.

les Caisses d'épargnes, quelques-unes dans des Caisses de retraite, d'autres en achats de rentes sur l'Etat. Nous croyons qu'il y a lieu d'étendre le cercle de ces placements et qu'en recherchant avant tout la sécurité, il ne convient pas d'interdire absolument ceux qui peuvent offrir des chances de bénéfices plus élevés que l'intérêt usuel de 4 ou 5 p. %.

Ces placements de petits capitaux dans la haute industrie et les grandes entreprises sont usités en d'autres pays (en Angleterre et aux Etats-Unis,) et lorsqu'ils sont effectués avec mesure et intelligence, il n'y a pas lieu de les confondre avec les pratiques de l'agiotage. Sous cette réserve, on ne peut nier la convenance d'appeler les petits à participer à ces chances de gros bénéfices que, chez nous, ils *envient* trop souvent *aux grands*. D'une part, c'est justice d'admettre ces derniers venus du capital à une part dans les profits des grandes entreprises ; d'autre part, il est de bonne politique de les intéresser au succès de ces opérations, afin qu'ils cessent de leur être hostiles.

Nous ajoutons qu'il y a là aussi un intérêt de haute moralité.

En effet, ce que nous proposons ici n'est pas précisément nouveau : cette participation des capitaux minimes dans les grandes affaires existe déjà en France même, du moins à Paris. La Bourse ne dédaigne rien ; elle appelle les plus petits comme les plus grands, seulement les premiers y jouent trop souvent le rôle de dupes. Il s'agit donc, à présent, de prêter à ces petits capitaux la direction prudente et intelligente qui leur manque habituellement et de ne les engager dans des placements attrayants qu'après s'être bien assuré, ainsi que le font les gros capitalistes, de la bonne foi et de la bonne combinaison de l'opération à laquelle ils veulent s'associer. Il sera plus aisé de servir efficacement ces petits capitalistes par une tutelle bienveillante et une direction éclairée, que par l'interdiction absolue de prendre part à des affaires fructueuses pour les classes riches.

On pourrait craindre, de la part des chefs d'industrie affiliés à une corporation, une tendance à en attirer les capitaux dans leurs propres entreprises, où ils les admettraient sous forme d'actions commanditaires, dans le but d'obtenir ainsi un concours plus dévoué de l'ouvrier. C'est là sans doute un résultat désirable, en ce qu'il cimenterait la communauté d'intérêts entre ouvriers et patrons. Mais dans l'état actuel de l'industrie, cette association absolue entraînerait un grave danger ; en cas de faillite ou de ruine de l'entreprise,

l'ouvrier perdrait à la fois et ses ressources quotidiennes ,
par la privation subite du travail, et les capitaux, fruit de son
épargne , par la dépréciation complette des actions dont il
serait porteur. Il faut donc *limiter* ce placement du capital
de l'ouvrier dans l'entreprise qui l'emploie et nous pensons
qu'une corporation ne devra jamais engager , *dans les divers
établissements d'une même industrie* , au delà du tiers de ses
fonds disponibles.

Il résultera de la variété de ces placemens , formant une
espèce d'*Omnium* , non seulement une sécurité plus grande ,
mais encore une liaison plus générale de l'intérêt des travailleurs avec les intérêts divers des Classes qui possèdent.

Si nous avons développé ces idées peut-être trop minutieu-
sement , c'est que nous croyons qu'elles contiennent en germe
la meilleure solution pratique du problème de l'association ,
avec de puissants moyens d'ordre et d'harmonie entre les diverses Classes de la société ; bien différentes de certaines doctrines professées , sur la même question , dans les conférences
du Luxembourg en 1848 , doctrines impraticables , dange-
reuses , et qui se trouvent implicitement réfutées dans les développemens qui précèdent.

Il est deux questions que nous nous sommes abstenu de
traiter , quoiqu'elles intéressent à un haut degré les Classes
souffrantes , savoir : la construction d'habitations à la fois
salubres et économiques pour les ouvriers, et les achats de
grains à l'étranger au profit des pauvres , dans les années de
disette.

Mais nous pensons que ce sont là des opérations industrielles , qui peuvent être exécutées sans perte par ceux qui en
feraient les avances. Nous ne devons donc pas les considérer
comme *dépenses* à la charge soit des corporations , soit des
communes , des départemens ou de l'Etat.

Les constructions de maisons ou Cités-ouvrières ont été
jusqu'à présent entreprises par souscriptions d'actions , qui
représentent une part dans la propriété et dans le produit des
loyers. Les souscripteurs se sont engagés sans doute avec un
complet désintéressement : toutefois , il est à désirer que ces
premières entreprises ne leur soient pas onéreuses, afin qu'elles appellent plus promptement des imitateurs.

Quant aux achats de grains en cas de disette , les réserves
publiques pourront sans doute y être momentanément emplo-
,yées , mais le but de ces opérations étant de livrer à prix coû-
tant cette denrée de première nécessité , le remboursement
des fonds avancés devra s'effectuer dans un assez bref délai.

XI.

Ordre et Progrès.

La Constitution de 1848.

—

Nous avons dit, en commençant ce travail, qu'il n'avait pour but que la recherche des expédiens, des palliatifs immèdiatement praticables, pour alléger les souffrances de notre état social et en arrêter ou retarder l'aggravation.

Puis, nous avons exprimé le sentiment de notre insuffisance à formuler le plan des réformes fondamentales qui constitueraient le remède direct, qui auraient pour but de détruire ou du moins d'atténuer les causes du mal.

C'est que nous sommes convaincu que la première, la plus essentielle de ces réformes est celle des idées qui régissent la société. C'est que nous voyons la cause première de ce mal dans l'incohérence des doctrines, dans l'absence d'un lien intellectuel commun, entre les diverses Classes de la société française.

Pour tout homme attentif et doué de quelque intelligence des phénomènes sociaux, ce désordre des idées et des doctrines offre aujourd'hui un spectacle plus émouvant encore que les scènes de désordre matériel, d'anarchie brutale, qui désolent de temps en temps le pays.

Tot capita, *tot sensus !*... Combien n'est-il pas rare de rencontrer deux personnes, je dis du même parti politique, qui se trouvent du même avis sur la solution d'une question quelconque d'intérêt public, ou qui seulement soient d'accord sur le jugement d'un fait politique !

De parti à parti, la dissidence est encore plus grande, comme de raison. Ceux-ci veulent le progrès à tout prix et par tous les moyens, sans s'inquiéter de l'ordre. Ceux là ne se préoccupent que de l'ordre, sans scrupules sur les moyens de l'établir, sans souci des besoins du progrès.

Les uns voudraient rétablir la monarchie et ils ont à débattre le choix entre trois prétendans. Les autres veulent le maintien de la République, mais il y a en question au moins autant de sortes de République, que de prétendans à la monarchie.

Les hommes qui comprennent la nécessité d'un lien moral et intellectuel , d'une doctrine commune pour régir la société, sont les moins nombreux dans chaque camp.

D'un côté , fidèles à l'ancien principe théologique , ils sollicitent avec ferveur le retour à cet ordre d'idées fondé sur les croyances religieuses , système jadis si puissant , mais désormais inefficace ! Pour être conséquents , ce n'est pas à l'ancien régime , c'est au moyen âge qu'ils nous ramèneraient, si c'était possible. Dans la sincérité de ses intentions , ce parti ne s'aperçoit pas qu'il est aussi anarchiste , par sa résistance au progrès , que les révolutionnaires les plus insoucieux de l'ordre !

Ces derniers , non moins fanatiques dans leurs ardeurs exclusives pour le progrès matériel , ne sont le plus souvent dirigés que par des Utopistes à vues courtes et incomplètes , (quel que soit le talent de quelques-uns d'entr'eux ,) par des prédicateurs d'idées absolues , dont la réalisation impossible ne saurait être tentée sans entraîner le bouleversement complet de l'ordre actuel.

Ainsi se trouve tiraillée en sens inverse la société française, comme posée , dans les ténèbres , entre deux abîmes !

Quelle lumière viendra l'éclairer et lui servir de guide, pour l'empêcher de se fourvoyer ?... (1)

En attendant , c'est à tâtons que nous devons cheminer avec la société et comme la Constitution de 1848 , si injustement décriée , contient , selon nous , toutes les restrictions nécessaires pour nous préserver des erreurs des utopistes ; comme elle consacre les principes progressifs , de manière à ne pas permettre un pas sérieux en arrière , c'est dans les limites de cette Constitution , exécutée de bonne foi , que la France pourra sans doute trouver la meilleure voie qu'elle ait à suivre aujourd'hui.

— D'une part , la Constitution de 1848 permet à la société

---

(1) Nous ne connaissons de travaux sérieux dans ce but que ceux de l'*École positiviste* ; et c'est par la réforme de l'éducation , par l'introduction dans l'enseignement , de la méthode des sciences exactes , par la morale du dévouement à l'humanité , qu'elle propose de suppléer les croyances éteintes et les dogmes finis ; qu'elle prétend former le nouveau lien intellectuel et moral qui peut seul aujourd'hui remplir la fonction *religieuse* , qui doit désormais et définitivement *relier* les esprits dans une commune direction , là où les anciens systèmes sont devenus impuissants.

Cette école offre donc à la fois le moyen d'établir l'ordre sans faire obstacle au progrès et de favoriser tous les développements du progrès sans désordre.

de se défendre même contre les plus violentes et les plus
subites agressions ; elle permet de protéger la religion , la
famille et la propriété.

Elle ne laisse pas le pouvoir exécutif désarmé , puisqu'il
n'a eu qu'à demander , pour obtenir des lois restrictives et
répressives plus sévères que les fameuses lois de septembre.

Si elle permet de voter des lois *d'urgence* , elle permet
aussi de les discuter avec toute la maturité convenable ,
tellement que l'Assemblée et le gouvernement s'abstiennent
le plus qu'ils peuvent des formalités des trois lectures et du
renvoi au Conseil d'Etat ; ce qui prouve que la suppression
d'une Chambre-haute n'entraîne aucun inconvénient.

La Constitution laisse à l'Assemblée le droit de décider de
la paix et de la guerre ; mais ni la Constituante , ni la Législa-
lative actuelle n'en ont abusé , lors-même que tout semblait
les y convier.

Aucun des rouages créés par cette Constitution n'a laissé
de doute sur la convenance et l'utilité de sa fonction dans le
mécanisme gouvernemental.

Elle exige , il est vrai , le changement du Président tous
les quatre ans ; mais rien n'empêche une majorité persistante de remplacer un de ses représentants par un autre de
mérite égal , ou à peu près égal , ou supérieur ; de sorte que
le changement du Chef du pouvoir exécutif n'entraîne pas
nécessairement un changement de système , à moins que ce
système n'ait perdu la majorité et alors il serait fâcheux de
ne pouvoir le changer. Du reste , dans un pays aussi accoutumé que le nôtre aux modifications ministérielles et même
aux changements périodiques de gouvernement , cette limite
de quatre ans , imposée à la présidence , ne saurait choquer
aucun homme d'état désintéressé et d'une ambition avouable.

Quant au suffrage universel , base de cette Constitution , il
débuta par la nomination d'une majorité composée d'amis de
l'ordre et du progrès ; puis le pays , ému de la triste épreuve
de juin 1848 , porta ses choix sur une majorité plus amie de
l'ordre que du progrès. Ce retour n'était peut-être pas sans
danger , mais il a prouvé du moins que la masse de la Nation
peut désormais exercer ses droits , même dans les temps les
plus difficiles, *sans que le principe d'ordre risque de se trouver compromis.*

— D'un autre côté, la Constitution de 1848 permet et même
provoque la réduction des dépenses publiques , la réforme
et la décentralisation administrative ; vraies bases de la liberté
politique qui consiste principalement, selon nous, à être *le
moins gouvernés* et *à payer le moins possible.*

Elle permet la réduction de l'armée en temps de paix et par suite la suppression de la conscription , de l'impôt sur la vie , lorsque les enrôlés volontaires pourront suffire.

Elle permet et provoque le remaniement des impôts pour leur meilleure assiette proportionnelle, y compris l'impôt des boissons , plus nuisible encore comme *entrave*, que comme charge.

Elle permet la suppression ou la réduction des droits de douane sur les denrées alimentaires et sur les matières premières , nécessaires pour entretenir le travail national.

Elle permet aussi l'institution de nouvelles banques et l'organisation d'un système de crédit qui régularise l'action du capital , et restreigne ou limite ce qu'il peut y avoir de privilégié dans sa position actuelle , ce qu'il y a peut-être d'oppressif dans ses rapports avec l'industrie commerciale , manufacturière et agricole.

Enfin , la Constitution permet et proclame la liberté d'enseignement , excluant à la fois le monopole universitaire et le privilége clérical.

Et pour assurer toutes ces réformes , toutes ces améliorations , elle consacre *le suffrage universel*. De sorte que , du moment où la Nation jugera qu'il a été fait assez pour l'ordre et que la société ne court aucun danger de subversion , elle pourra se donner tout ou partie des avantages que nous venons d'énumérer , à trois ou quatre ans de date au plus , sans se fâcher , sans recourir aux barricades, par la voie pacifique et régulière de l'élection.

De la Révision.

Il semble qu'une Nation intelligente , pourvue d'un tel instrument d'ordre et de progrès , devrait se tenir pour satisfaite et ne s'occuper que d'en faire usage.

Cependant dès le lendemain de la proclamation de la Constitution , il n'a été question que de la modifier.

Quelque partialité que nous professions pour cette œuvre si sage et si méconnue , nous sommes loin de la croire parfaite et nous approuvons fort la faculté qui y a été introduite , de la réviser.

Mais ce qui paraît étrange , c'est que le cri de *révision* soit poussé principalement par ceux qui disent éprouver pardessus tout le besoin de *stabilité*. Ce vœu devrait se trouver plutôt satisfait par le maintien, que par le changement de la Constitution.

Car évidemment ce ne sont pas des modifications de peu d'importance, que l'on réclame ou qu'on annonce. Sous prétexte de révision, on veut revenir à la monarchie ou à quelque chose d'équivalent, quel qu'en soit le nom.

Eh bien, admettons qu'on réussisse, qu'arrivera-t-il? c'est qu'au bout de trois ans, une nouvelle révision pourra être réclamée et ramener à son tour la république...., ou une autre dynastie.

Veut-on dire, peut-être, qu'une fois cette monarchie proclamée, il n'y aura plus lieu à révision? — Cela se conçoit; la monarchie n'est guère compatible avec le droit de révision, ni avec le suffrage universel. La France se trouvera donc de nouveau régie par une Constitution immuable (ou si l'on veut, qui n'admettra que des modifications de détails). — Dès lors, hélas ! le pays rentre dans son droit, droit terrible ! qui n'est pas écrit, mais consacré par soixante ans d'usage, le droit d'insurrection, de barricades, de révolution !

Tel est donc l'avenir que les champions de la stabilité, ceux qui se disent amis de l'ordre et conservateurs par excellence, ne craindraient pas de préparer à une société déjà épuisée par tant de luttes, affaiblie par tant de crises violentes !

Nous ne saurions le croire, malgré toutes les apparences. Malgré les aveux ou les défis de certains orateurs et de certains journaux, nous n'admettons pas que les hommes éminents, dont l'influence est aujourd'hui prépondérante, partagent des idées et approuvent des projets, qui auraient pour effet inévitable de jeter de nouveau le pays dans *les grandes aventures.*

Qu'ils se vouent à l'œuvre qu'ont trop négligée les précédens gouvernements, au soulagement régulier des classes souffrantes ! Cette œuvre est bien digne de tenter de nobles ambitions.

Le peuple a cessé de mugir, mais il ne cesse pas de gémir. Sa voix plaintive sera-elle moins écoutée que sa voix menaçante ?

Laissons là le jeu des couronnes. Le dernier règne, le plus long qu'ait supporté ce pays depuis soixante ans, n'a manqué ni d'habileté ou de prudence, ni d'instruments capables ou de force armée à ses ordres. Son chef-d'œuvre a été le maintien *du plus long ministère* qui ait administré la France depuis près d'un siècle. Beau chef-d'œuvre de stabilité!..... Il a duré sept ans et quatre mois, moins trois jours, qui ont suffi pour renverser ministère et monarchie !

A la vérité , cette chûte parut très-surprenante et aujourd'hui même on la qualifie volontiers de *surprise*. Hélas ! c'est en restant sourd aux *bruits d'en bas* , que l'on risque encore de se laisser surprendre....

On ne dira pourtant pas du gouvernement de Louis-Philippe *qu'il a péri par l'exagération de son principe* ; créé pour le progrès , il n'a exagéré que l'ordre. — Nous voilà , après deux ans , ramenés devant le même écueil. O pilotes ! ouvrez les yeux....

Un des spectacles les plus déplorables que présente l'histoire du passé , est celui des Grecs du Bas-Empire , absorbés par la discussion de subtilités théologiques ou métaphysiques, au moment où une armée victorieuse assiégeait Bysance mal défendue. Il n'y a que trop d'analogie entre leur conduite et la nôtre ! En présence d'une population affamée , qui demande du travail et du pain , d'une population incessamment provoquée à la violence , d'un côté par la misère , de l'autre par des fous et des pervers trop habiles à l'égarer ! nous discutons en style académique les questions dynastiques , nous dissertons sur la valeur du droit divin et les mérites de l'hérédité du pouvoir.... La terre tremble encore , le volcan continue de jeter des lueurs sinistres et nous passons le temps à fouiller sous la lave à peine refroidie , pour en retirer quelques débris des vieux monuments , avec la prétention de relever ces ruines et d'assurer désormais leur *stabilité*.

Non , non , ce n'est point avec les anciens matériaux, ni sur l'ancien plan , ni sur l'ancien sol , qu'il faut reconstruire ! Le nouvau sol, c'est le terrain des améliorations sociales , le nouveau plan , c'est la Constitution de 1848.

Le meilleur , l'unique moyen qu'aient aujourd'hui les hommes d'état influens de donner au pays la stabilité tant désirée , c'est de proclamer hautement qu'ils s'opposeront en 1851 à la révision de la Constitution ; c'est de prendre pour mot d'ordre , *la non-révision de la Constitution !*

XII.

Le Principe de Population. Émigration, Colonisation.

Après avoir consciencieusement exposé les vices de notre état social et proposé divers moyens d'y porter remède , nous terminerons ce travail par l'examen de la question de popu

lation , que nous avons tenue jusqu'ici en réserve , précisément parce que nous croyons qu'elle domine aujourd'hui , en
France et en Europe , la question politique tout entière.

Le livre de Malthus sur le principe de population (*ou la
puissance de peupler*) , publié en Angleterre au commencement de ce siècle , produisit une profonde sensation. Plus
tard , quelques uns de ses principes d'*économie politique pratique* , ont été victorieusement réfutés par J. B. Say (1) ;
même les principales conséquences de son premier ouvrage
ont été contestées par divers économistes et hommes d'état.
Mais il lui est resté le mérite d'avoir appelé plus nettement
que personne l'attention publique sur la question de population , et son livre sur cette matière est demeuré classique.

En ces derniers temps , il a été beaucoup puisé dans Malthus pour la réfutation de nos Socialistes Utopistes. Les arguments judicieux , dirigés il y a trente ou quarante ans par
l'économiste anglais contre les systèmes égalitaires ou com-
munistes de Wallace , de Godwin et de Robert Owen, ont été
utilisés , comme des armes éprouvées , contre ces théories
absolues , réchauffées à notre usage immédiatement après la
révolution de février. Aussi nos socialistes subversifs jetèrent-
ils bientôt à leurs adversaires la qualification de *Malthusiens*,
comme un titre d'implacable réprobation.

Sans revenir sur ce débat , que nous aimons à considérer
comme vidé , nous croyons nécessaire d'établir ici une dis-
tinction nette et précise entre les divers principes ou arguments puisés dans l'arsenal de Malthus ; les uns sont, à notre
avis , dignes de la plus sérieuse considération , les autres
nous paraissent au contraire devoir être définitivement écar-
tés. Nous nous efforcerons de faire ce partage , en négligeant
tout ce qui est étranger à notre sujet.

» . . . . C'est une observation du docteur Franklin , (dit
» Malthus au début de son livre ,) qu'il n'y a aucune limite
» à la faculté productive des plantes et des animaux , si ce
» n'est qu'en augmentant en nombre, ils se dérobent mu-
» tuellement leur subsistance...... — L'homme est soumis
» à cette loi comme tous les êtres vivants... »

Malthus établit ensuite , par faits et calculs , que « lors-
» que la population n'est arrêtée par aucun obstacle , elle va
» doublant tous les 25 ans (et probablement plus vite enco-
» re ,) et croit de période en période selon une progression

---

(1) Lettres à M. Malthus , par J. B. Say , — 1820.

» géométrique , (comme les nombres 1,2,4,8,16,32,64,128,
» 256 ;) tandis que les moyens de subsistance , dans les
» circonstances les plus favorables à l'industrie , ne peuvent
» jamais augmenter plus rapidement que selon une progres-
» sion arithmétique, (comme les nombres 1 , 2 , 3 , 4 , 5 , 6 ,
» 7 , 8 , 9); (1). De sorte qu'au bout de deux siècles , la popu-
» lation serait aux moyens de subsistance comme 256 est à
» 9 ; au bout de trois siècles, comme 4096 est à 13 , et après
» deux mille ans , la différence serait immense et comme
» incalculable. »

Tel est le principe fondamental de Malthus , et les premières déductions qu'il en tire , sont celles-ci :

« 1° La population est nécessairement limitée par les
» moyens de subsistance.

» 2° La population croit partout où croissent les moyens
» de subsistance.

» 3° Les obstacles qui répriment la force prépondérante
» et obligent ainsi la population à se réduire au niveau des
» moyens de subsistance, peuvent tous se rapporter à ces
» trois chefs : la contrainte morale, le vice et le malheur...»
(ou si l'on veut la chasteté, la débauche et la misère).

Voilà , dans Malthus , ce que nous admettons sans réserve,
ce que nous regardons comme des vérités que doivent sans
cesse avoir devant les yeux les gouvernants et les gouvernés ,
ceux qui possèdent et ceux qui vivent uniquement de salaires.

Des trois propositions que nous venons de citer , la première n'a été contestée, que nous sachions , que par M.
Proud'hon , qui conteste tout. Il a mieux aimé partir d'une
assertion erronnée, que de manquer à la logique : il a
donc affirmé que les moyens de subsistance sont , pour
l'homme , illimités. Mais il s'est dispensé de chercher à le
prouver ; on peut donc se dispenser de le combattre. Les

» (1) En effet, la population, lorsque les circonstances sont favo-
» rables , tend à s'accroître ; ce qui s'ajoute ainsi à l'ancienne po-
» pulation a aussi lui-même un principe d'accroissement. Mais si ,
» par l'effet de quelque circonstance favorable , un coin de terre
» augmente de fertilité , ce qui est ajouté de de la sorte à la ferti-
» lité ancienne n'a en soi aucune force, aucune tendance à produire
» un nouvel accroissement de fertilité. Ainsi , supposant la popu-
» lation doublée , cette double population a une tendance à se dou-
» bler de nouveau , tandis que la fertilité doublée ne tend pas par
» elle-même à se doubler encore. La double fertilité ne peut-être d'elle
» même une cause d'une fertilité quadruple, au lieu que la population
» doublée peut se quadrupler et a en elle-même une forte tendance à
» produire cet effet.... »

deux autres propositions nous paraissent également pouvoir se passer de démonstration. (1)

Mais là s'arrête, selon nous, la partie irréfutable du travail de Malthus, ce qui mérite d'être appelé classique : et nous sommes loin d'approuver également les conséquences qu'il cherche à tirer de son principe, pour combattre les lois d'assistance en général et la loi anglaise en particulier.

Toute la doctrine de Malthus à cet égard se résume en deux phrases, qu'il cite et approuve complètement, de l'ouvrage du chevalier F. M. Eden, *sur les pauvres*. Et d'abord : « En tout, dit-il, le bien que pourra produire une taxe for- » cée, destinée à l'entretien des pauvres, est bien surpassée » par les maux qui en sont la suite inévitable.... » — Nous n'avons pas besoin de défendre ici la loi d'assistance anglaise, puisque ce que nous avons proposé en diffère essentiellement; toutefois nous devons faire observer que, malgré ces conseils, le gouvernement anglais ne paraît pas avoir songé un instant à supprimer la taxe des pauvres ; et que sir Robert Peel, l'homme d'état de ce pays qui s'est le plus efficacement occupé du soulagement des Classes souffrantes, s'est borné à quelques modifications dans l'exécution de cette loi et l'emploi des fonds qu'elle produit.

Quant à la question du droit au travail (qui n'est pas nouvelle, comme on peut voir,) (2) voici comment Malthus la résout, avec l'aide du même chevalier Eden : « En ce » qui concerne le prétendu droit des pauvres, d'être occupés

---

(1) Nous avons déjà exprimé notre opinion sur le mérite de la réfutation que Malthus a faite des *systèmes d'égalité* ; seulement, il comprend à tort dans ce nombre les idées émises par l'illustre Condorcet dans son *Essai sur les progrès de l'esprit humain*, puisque ce philosophe a admis, ainsi que l'atteste Malthus lui-même, la nécessité de l'inégalité parmi les hommes.

(2) L'inventeur du droit au travail n'est pas, comme le pensent bien des gens, M. Louis Blanc; C'est..... la reine Élisabeth d'Angleterre ! Le statut de la 43ᵉ année de son règne porte en effet ce qui suit:

« Les inspecteurs des pauvres (*Overseers*) prendront les mesures » nécessaires, de concert avec les juges de paix, pour faire tra- » vailler tous les enfants, que leurs parents ne seront pas en état » d'élever; ainsi que toutes les personnes, mariées ou non, qui n'ont » ni fortune ni gagne-pain. Ils lèveront, par semaine ou autrement, » une taxe sur les habitants et propriétaires de terres de leur » paroisse, suffisante pour se procurer le lin, le chanvre, la laine, » le fil, le fer et autres articles de manufacture, nécessaires pour » donner aux pauvres de l'ouvrage. »

Ce règlement, comme on peut croire, n'a jamais été exécuté que très-incomplètement ; et c'est parce qu'on ne l'a jamais interprété dans un sens absolu, qu'il reste encore écrit dans le recueil des statuts en vigueur en Angleterre.

» tant qu'ils sont valides et nourris quand ils ne le sont
» plus, on peut douter qu'un droit, impossible à faire valoir,
» puisse jamais exister. » C'était donc alors la même objection qu'aujourd'hui : *impossibilité*, parce que l'on considère
la prétention comme *absolue* ; ou simplement difficulté d'exécution, mais alors faute de se donner la peine de chercher,
car nous avons démontré plus haut que cette difficulté n'est
pas insurmontable.

Telles sont les doctrines de Malthus, reproduites dans les
discussions récentes, contre l'assistance régulière et légale.
C'est à propos de ces doctrines que nous ne voulons pas
accepter le titre de Malthusien ; c'est à ce propos qu'un écrivain, cité plus haut, disait : « Je ne regrette pas d'ignorer
» une science qui m'apprendrait qu'un secours donné ainsi
» est mal donné et qu'il vaut mieux laisser souffrir le pau-
» vre, que de le soulager contrairement aux règles écono-
» miques. »

Voyons à présent d'où provient cette erreur de Malthus.

Le mal social résulte de deux causes générales : l'impar-
faite organisation sociale et le développement trop rapide de
la population. — Malthus, qui a signalé avec plus de soin
que personne cette dernière cause, a été trop frappé de son
importance pour ne pas se l'exagérer ; aussi ne se préoc-
cupe-t-il bientôt que d'y parer. Or, les moyens qui se pré-
sentent sont de deux natures, un préventif, deux répressifs ;
ces deux derniers, la débauche et la misère, lui font horreur ; le premier, la contrainte morale ou chasteté, lui
paraît avec raison bien préférable, c'est donc le seul qu'il
propose.

Renoncer au mariage, chez celui qui n'est pas assez riche
pour élever des enfants, lui paraît le premier devoir de
l'homme ; tout comme *entraver ou déconseiller les mariages*,
en pareil cas, lui paraît un devoir essentiel du gouvernement. L'abstention du mariage est, selon lui, le remède
direct, le seul remède efficace. Tant pis si cette mesure
retombe sur une seule classe ; il ne répugnera pas à la voir
décroître, puisqu'elle est la plus malheureuse.

C'est ainsi qu'un homme de bien et un bon citoyen s'est
trouvé entraîné à méconnaître le principe chrétien de fraternité devant Dieu et à froisser le principe de la liberté civile,
en refusant au pauvre le droit à la famille !.... Non certes,
nous ne sommes pas Malthusien !

La chasteté dans la contemplation, sans inquiétudes sur la
vie matérielle, avec la foi pour soutien et le ciel en espé-
rance, cela a bien pu exister. Mais la chasteté, la contrainte

morale, comme vous l'appelez, ajoutée aux travaux les plus rudes, les plus rebutants....., et avec cela, sans doute, la sobriété, la résignation, toutes les vertus, en présence d'une société éblouissante de luxe, plongée dans toutes les jouissances et n'en faisant pas mystère!.... En vérité, quels hommes êtes-vous donc, pour demander cela? et à quels hommes croyez-vous vous adresser, pour espérer de l'obtenir? (1).

L'homme en société n'est complet que par le mariage et la paternité; le célibat, ne peut être que l'exception. Si notre état social est défectueux, réformons-le, mais acceptons l'homme avec ses conditions et n'établissons pas des inégalités contre nature. Persuader à une classe qu'elle peut se passer des douceurs de la propriété, c'est-déjà chose assez difficile; mais lui faire entendre qu'elle doit aussi renoncer aux joies de la famille, c'est ce qu'aucune éloquence ne saurait obtenir. Il y a des impossibilités morales bien autrement impérieuses que les impossibilités physiques; c'est à une des premières que Malthus a abouti. Gardons-nous de nous jeter dans cet impasse.

Les anglais, tout en ouvrant les yeux sur l'imminence du danger signalé par Malthus, n'ont pas adopté son préservatif.

Ils ont bien compris qu'indépendamment de toute réforme politique, administrative ou financière, indépendamment de toute loi d'assistance et de toute association de secours, le principe de population, la puissance de peupler, était une source intarissable d'embarras et de difficultés; ils n'ont pas cherché à se flatter du vain espoir d'augmenter les moyens de subsistance au niveau de l'accroissement incessant de la population. Mais ils n'ont pas compté non plus sur l'efficacité de la contrainte morale, sur le principe contre nature de la chasteté généralisée, pour résister à ce torrent de misère qu'apporte le flot de population croissante, dans toute contrée, chez toute nation où *l'entassement* commence à se faire sentir. Comment donc ont-ils procédé pour se mettre à couvert?

Par les moyens les plus simples et les plus rationnels : *en*

---

(1) Le maître d'esclaves noirs les stimule à peupler, les excite à la promiscuité, pour augmenter son troupeau au moins de frais possible. — En Europe, la convenance est autre : le riche exhortera son pauvre à la contrainte morale; il lui prêchera la chasteté, afin de s'éviter certains embarras. Celui-là avait besoin d'étalons, celui-ci a besoin d'eunuques..,.. Faites donc des phrases sur la morale et la civilisation!

étendant la colonisation, en favorisant l'émigration. Au Canada et dans toute l'Amérique du Nord , dans le golfe du Mexique , au cap de Bonne-Espérance , à la Nouvelle-Hollande , à la Nouvelle-Zélande , aux Indes Orientales, en Chine , sur tous les points du globe , l'Angleterre n'a cessé , depuis trente ans , de *transvaser* le superflu de sa population. L'émigration anglaise , qui n'était, il y a 10 ou 15 ans, que de 60 à 100 mille âmes par an , a été dans ces dernières années de 3 à 400 mille par an. Et toutes les tendances du gouvernement et de la population britannique sont dirigées vers le plus grand accroissement possible de l'exportation de cet excédant de vie qui risquerait de l'étouffer.

Malthus avait bien prévu cet expédient de l'émigration , mais il l'avait rejeté avec une prétention de logique inflexible. Ses arguments contre l'efficacité de l'émigration peuvent se réduire à deux :

1° L'émigration, la colonisation , sont choses difficiles et lentes à effectuer ;

2° Le vide qui se fera en Europe sera bientôt comblé, et sur les nouveaux points du globe où l'on ira s'établir , on ne tardera pas à se trouver dévoré par le même principe de population que l'on cherche à combattre. La difficulté ne sera donc qu'ajournée.

A la première de ces objections , nous pouvons répondre que les difficultés de colonisation ne sont pas partout très-graves et qu'elles ne sont nulle part insurmontables ; qu'elles ne se rencontrent que dans les commencements d'un établissement nouveau ; que l'art de coloniser peut s'étudier comme l'art de la guerre et qu'on finit par faire aisément et vite ce qu'on ne ferait d'abord qu'avec peine et lenteur. Depuis l'époque où Malthus écrivait , l'Angleterre a parfaitement prouvé qu'en pareille matière son apprentisage est terminé et nous ne la voyons pas se rebuter aujourd'hui au premier, ni au second , ni au dixième obstacle qu'elle rencontre , lorsqu'un plan d'établissement lui paraît utile et bien conçu : pas plus que ne se rebute un vaillant général, entouré d'une vaillante armée, lorsqu'il s'agit de prendre une place qui lui oppose une résistance obstinée , même inattendue. Quand le but est utile et grand, on n'hésite pas à y proportionner les efforts.

Quant à l'autre objection, Malthus en la produisant ne paraît pas avoir tenu compte de cette importante circonstance, que la partie de la population qui émigre doit toujours être la plus malheureuse , la moins résignée, la plus revêche à la contrainte morale, celle qui éprouve le plus vivement le besoin de se faire une famille, d'acquérir la propriété qui lui manque : en d'autres termes, ce sont les individus *les plus gênés*, ou *les plus gênants*, qui s'expatrient ; le pays se trouve donc allégé, non-seulement en raison du nombre, mais du caractère des émigrants. En outre, il est certain que les nouvaux établissements se vouent d'abord, et pour longtemps, à l'industrie agricole et commerciale, exclusivement à tout travail manufacturier ; ils fournissent ainsi un supplément de subsistance à la mère-patrie, de nouveaux éléments de travail à ses manufactures et de nouveaux débouchés aux produits de celles-ci. Du reste, si la décroissance de population, par suite de l'émigration, est d'abord insensible, elle devient bientôt plus importante et rien n'empêche d'assigner le moment où ce mouvement d'expatriation l'emportera sur le développement régulier destiné à le combler ; de telle sorte que la population se maintienne, dans le vieux pays, au niveau de l'accroissement des moyens de subsistance, *par le seul effet de l'émigration* et *sans augmentation des obstacles naturels*, soit débauche et misère, soit contrainte morale.

Reste la difficulté qui pourra résulter du développement accéléré de la population dans les nouvelles colonies elles-mêmes, par le double effet de l'immigration et de l'action illimitée de la puissance de peupler. — Ici, quoiqu'on en puisse dire, le danger ne nous paraît pas assez rapproché, pour que nous ayons à nous en préoccuper aujourd'hui (1). Des siècles s'écouleront sans doute avant que l'entassement ne se manifeste, comme aujourd'hui dans l'Europe centrale et occidentale, sur ces vastes continents dont à peine les côtes sont peuplées, dans ces immenses solitudes où l'homme est plus rare que le cerf, dans tous ces espaces vides qui appèlent notre espèce à croître et multiplier sans contrainte et sans misère !

Qui a temps, a vie ! Chaque époque a bien assez de ses peines, sans s'émouvoir de celles que pourra contenir un avenir si éloigné, avenir qui ne se réalisera probablement, comme l'observe Condorcet, « qu'à une époque où l'espèce » humaine aura acquis des lumières dont nous pouvons à peine » nous faire une idée ! »

En définitive, la destination de l'espèce est de peupler et

---

(1) Il en est bien d'autres, qui pourraient sembler plus sérieux, et dont les plus sages jugent inutile de s'inquiéter prématurément ; par exemple, l'épuisement probable, à époques calculables, de toutes les houillères de l'Europe.

de cultiver le globe, de s'améliorer et de se rendre heureuse par l'exploitation de la planète. C'est là surtout le devoir de la race blanche, supérieure à toutes les autres, plus capable qu'aucune autre de *civiliser* en même temps qu'elle peuple. L'Europe est donc appelée à porter le surcroît de sa population partout où des terres fertiles et incultes lui promettent prospérité et bonheur, en échange de la misère et de la dégradation morale qui commencent à l'accabler.

—

Si nous n'avons pas craint de nous engager dans cette discussion du principe de population et des doctrines de Malthus, c'est que nous avions à cœur d'établir les raisons qui nous portent à recommander, comme un exemple à suivre, la marche adoptée par le Gouvernement anglais depuis le commencement de ce siècle, c'est-à-dire depuis que son attention a été appelée sur la tendance constante de la population à s'accroître plus rapidement que les moyens de subsistance.

Cette marche, nous essayerons de la signaler en peu de mots :

1. D'abord, il a poursuivi l'abolition de la traite des noirs et ensuite l'abolition de l'esclavage dans les colonies, jugeant imprudent d'étendre sur ses possessions et de favoriser la multiplication d'une race inférieure, en réduisant d'autant la part de subsistance de la race blanche.

2. Il a étendu sa colonisation propre sur tous les points du globe, en s'attachant surtout à fonder des colonies agricoles.

3. Il a favorisé l'émigration et l'établissement de ses nationaux dans tous les pays étrangers, tant en Europe que hors d'Europe, en leur prêtant partout la protection la plus efficace.

4. Il a maintenu sa loi des pauvres, avec quelques améliorations, et n'a cessé de stimuler, par tous le moyens en son pouvoir, les Classes moyennes à concourir au soulagement des Classes pauvres, indépendamment de l'assistance légale : il y a réussi.

5. Il a aboli tout droit de douane à l'entrée des céréales et successivement les droits à l'entrée des bestiaux, de toute espèce de viande préparée, des légumes, enfin de toutes les denrées alimentaires.

6. Il a réduit ou supprimé les droits de douane à l'entrée des marchandises ou matières premières, nécessaires pour entretenir le travail national.

Et ce n'est pas l'Angleterre seule que nous pouvons signaler comme attentive aux dangers du progrès trop rapide de la population. Depuis la paix, c'est-à-dre depuis 35 ans, l'Allemagne, par un mouvement instinciif et sans y être aidée par ses gouvernements, n'a cessé de jeter des flots d'émigrants, tantôt sur la Russie, tantôt et principalement sur l'Amérique du Nord.

Les Pays-Bas et la Belgique même ont aussi fait plus d'un effort dans le même sens (1).

On peut donc dire que la tendance est européenne.

La France n'est pas restée absolument étrangère à ce mouvement général de l'Europe vers les autres parties du monde. Mais à tout prendre, elle a probablement reçu plus d'immigrants étrangers qu'elle n'a expédié d'émigrants au-dehors. Asile pendant 30 ans des réfugiés de toutes le nations opprimées, elle reçoit en outre une invasion constante de travailleurs de la Savoie, de la Suisse, des Flandres et de l'Allemagne, populations qui ne laissent pas de peser sur quelques-unes de ses grandes villes et en accroîssent les embarras en temps de crise.

Quant à son exportation, elle a eu lieu sur l'Amérique du Nord, sur l'Algérie et sur Montevideo.

Quelques Alsaciens, Lorrains et Franc-Comtois se dirigent annuellement sur les Etats-Unis, avec les flots d'Allemands et de Suisses qui viennent s'embarquer au Hâvre. Ce sont principalement des Provençaux et des Languedociens qui se portent sur l'Algérie. Les Basques composaient presque exclusivement la population française de Montevideo.

Ajoutez à cela quelques milliers de Français établis en Russie, quelques milliers au Mexique, quelques milliers dans le Levant; après, vous ne rencontrez plus dans le monde, des Français réunis que par centaines, ou par groupes encore plus insignifiants. (2)

Le seul point où la France ait fait beaucoup, où du moins elle ait préparé la colonisation sur de larges bases, c'est l'Algérie. Là, rien n'était possible sans la sécurité et pour l'obtenir, il fallait faire la guerre à une population nombreu-

---

(1) Nous n'avons pas mentionné les États-Unis, parce que si étendus que soient leurs travaux de colonisation, ils s'effectuent toujours sur leur propre territoire.

(2) Les travaux apostoliques des missionnaires catholiques français, notamment ceux des Lazaristes dans le Levant, méritent d'être signalés comme moyens préparatoires de colonisations futures. — (Voir les Annales de la propagation de la Foi.)

se , fanatisée et des plus aguerries. Pendant 20 ans , la France a dépensé des sommes énormes et bien des précieuses vies , pour réduire la plus belliqueuse population que jamais colonie naissante ait eue à combattre. Vingt ans pour dompter 3 millions d'Arabes et de Berbères , ce n'était pas trop et il est à croire que nulle autre nation de l'Europe n'eût accompli cette œuvre mieux, plus vîte et à moins de frais que la France.

On ne peut donc reprocher à notre pays d'être resté étranger au mouvement *en avant* des populations européennes. Et en ce qui concerne l'Algérie , quelles que soient les difficultés que présentera encore la colonisation , on peut affirmer hardiment que *le plus fort est fait* ; car non-seulement la sécurité est établie , mais les villes sont peuplées, les routes tracées , les ponts , les ports , les principaux établissements sont construits. En somme il n'a rien été fait, de notre temps, d'aussi grand et d'aussi avancé , dans aucun pays du monde , si ce n'est peut-être aux Etats-Unis.

A présent donc que l'œuvre préparatoire est terminée , que l'homme , sur ce grand et magnifique territoire, n'a plus à lutter contre l'homme, mais seulement contre la nature , puisse la France ne pas s'obstiner à y maintenir sans nécessité le régime militaire. Laissons à l'homme quelque liberté dans ses mouvements , en face de la nature ! C'est par la constitution libérale de ses colonies , c'est en les appelant dès le principe à s'administrer elles-mêmes , que l'Angleterre a créé si vîte de si grands et de si beaux établissements. Ne pourrions-nous essayer une fois de ce qui lui a si bien réussi? Que la population arabe , à demi-barbare , soit maintenue sous le régime militaire, cela est rationnel. Mais faut-il aussi des *bureaux Arabes* pour administrer des colons français ? Dans l'Ouest des Etats-Unis , il y a bien des *bureaux Indiens*, pour les relations avec les peaux-rouges ; mais jamais on ne s'avisa de soumettre les pionniers américains , ou les immigrants européens qui vont défricher le *Far-West* , au régime militaire !

A Montevideo , une colonie française se formait sans qu'il en coûtât rien à l'Etat ; elle prospérait par le commerce et l'agriculture et ses rapides développements promettaient le plus brillant avenir. — On sait comment cette prospérité a été interrompue , par quelle série d'hésitations , d'erreurs, de faiblesses , le dernier gouvernement laissa décheoir cet état naissant , que tant de motifs d'intérêt et d'honneur devaient l'engager à soutenir et à relever.

Chose étrange ! le gouvernement actuel s'est fondé sur cet abandon partiel, pour justifier ses projets d'abandon complet. « Ce n'est plus la peine de s'en occuper, a-t-il dit. Mon-
» tevideo a été prospère, florissant, mais aujourd'hui, ce
» n'est plus cela. La ville est dépeuplée, le pays abandonné
» à l'ennemi, les colons français dispersés. Nous n'avons là
» plus rien à protéger.... » — En d'autres termes : « Nous
» avions un magnifique débouché pour notre commerce, pour
» notre population ; nous l'avons laissé fermer, *donc* ce
» n'est plus la peine de le rouvrir ! » Beau raisonnement, en vérité !

C'est justement parce qu'il est fermé, qu'il faut le rouvrir. C'est parce que notre commerce, nos compatriotes, y ont été comprimés, presque détruits, qu'il faut se hâter de les protéger, de les relever. Plus vous tardez, plus le mal s'aggrave : plus vous vous hâterez d'y porter remède, et plus vite il sera réparé. (1)

Lorsqu'on songe combien la population de nos faubourgs et de quelques-unes de nos provinces a de peine à se procurer une alimentation suffisante ; lorsqu'on connait quelle notable portion du peuple français est obligée de s'abstenir habituellement de nourriture animale ; et d'autre part, lorsqu'on sait que, sur les bords de la Plata, un bœuf vaut 5 francs, et que la peau d'un bœuf se vend 5 francs, de sorte que la viande y est véritablement *pour rien*, on se demande s'il est bien possible que des hommes civilisés, si malheureux, ou du moins si mal nourris, professent un aussi stoïque dédain pour le précieux aliment qui leur est gratuitement offert ! S'il est bien possible qu'ils fassent aussi peu de cas des bienfaits du bon Dieu !...

A de certaines époques, sur les bords de la Plata, l'air est infecté par la putréfaction des milliers de bœufs dont les chairs sont abandonnées sur le sol, après que le cuir en a été enlevé. Quand certains vents soufflent, le séjour des villes riveraines en devient insupportable. Et pendant ce temps, un respectable savant français a usé sa vie à chercher le moyen de fabriquer, *avec de vieux os*, un bouillon dont, en définitive, les chiens eux mêmes n'ont pas voulu !... Dérision !

Dans la plupart des colonies naissantes, la difficulté capitale, c'est de nourrir les colons à leur arrivée. Là, c'est la surabondance de nourriture qui seule présente des inconvénients !

---

(1) Cette conduite n'a malheureusement d'analogue dans l'histoire que l'abandon du Canada, sous Mme de Pompadour.

Et la France, qui a eu raison de maintenir jusqu'à cent mille hommes et de dépenser jusqu'à cent millions par an en Algérie, pour y préparer la colonisation, (qui pourra lui coûter longtemps encore des dépenses presque égales), la France, ne pourrait transporter dix mille soldats sur la Plata pour y relever, selon son droit et son devoir, une colonie qui, après cet effort, ne lui coûtera plus rien et lui produira tout autant ! La France, qui dépense annuellement 400 millions pour son armée et 120 millions pour sa flotte, et qui n'est en guerre avec personne en Europe.... Est-ce que, par hasard, Montevideo ne vaudrait pas un peu plus que l'oasis de Zaatcha ?

Un français fugitif de Montevideo, qui se trouvait à Paris aux journées de Juin 1848, nous disait avec la plus profonde conviction : « Ces 12 à 14,000 insurgés qui encombrent les » forts de Paris, que le gouvernement nous les envoie ! » qu'il emploie sa flotte à les transporter à Montevideo, avec » leurs familles, avec leurs fusils et même avec leurs idées » subversives, peu importe ! Avant dix ans, il n'est aucune » de ces familles, pour peu qu'elle ait d'industrie, qui n'ait » acquis en propre une fortune de 20 à 30,000 francs... Vous « verriez comme tous ces malheureux comprendraient alors » le respect de la propriété ! »

Il en a coûté plus, pour les entretenir à Belle-Isle et sur les pontons qu'il n'en eût coûté à les transporter directement à Montevideo, où leurs dernières cartouches auraient suffi pour expulser Oribe, et leur procurer aussitôt à tous l'abondance et la paix....

Quand des voix plus imposantes auront répété les mêmes choses et les auront dites mieux que ne sait faire notre voix inconnue ; quand la nécessité, plus éloquente que toute plume et que toute parole, nous aura étreints quelque temps encore ; lorsque enfin la France et son Gouvernement auront compris ce besoin de répandre au dehors une population qui étouffe au dedans, et lorsqu'il s'agira sérieusement de fonder de nouvelles colonies, on aura beau chercher. Nulle part sur le globe on ne rencontrera une terre plus propice pour recevoir notre surcroît de population, que la Bande orientale de la Plata ; nulle part on n'arrivera avec des droits aussi évidents, des conditions aussi favorables et à aussi peu de frais.

Cependant nous avons Cayenne, et nous pourrions encore avoir Madagascar. Peut-être songera-t-on trop tard à ce dernier point, de même que l'on arriva un quart d'heure trop tard à la Nouvelle-Zélande !

Il serait curieux que l'on en vînt un jour à reconnaître

que l'homme de notre temps qui a fait plus que tout autre
acte de bon sens et de bon citoyen , est précisément ce pauvre M. Cabet , que les tribunaux ont provisoirement condam-
né comme escroc et que les plus indulgents traitent seulement
de fou...

Oui , c'est folie de vouloir fonder une société sur le faux
principe d'égalité absolue ou sur une communauté impossible.
Mais c'est du bon sens, c'est du patriotisme , d'entraîner ceux
qui souffrent par entassement, là où la terre et l'air sont libres,
où tout homme est sûr en tout temps de vivre en travaillant,
sans cette affreuse alternative de mourir en combattant pour
un morceau de pain !

C'étaient aussi des fous , des fanatiques , que ces puritains
du 17e siècle , qui quittèrent un jour leur patrie pour aller
fonder , sur une terre inconnue et sauvage , une société dont
les principes étaient aussi absolus , et par conséquent aussi
faux que ceux des niveleurs modernes. — Eh bien , voyez les
résultats de cette folie d'il y a 200 ans ? Le fanatisme s'est
éteint, les faux principes se sont effacés , et la Colonie est restée. La Nouvelle-Angleterre est aujourd'hui la plus riche
partie des Etats-Unis , la plus industrieuse et la plus civilisée.

De notre temps encore , Robert Owen a fait aussi une folie
en fondant, sur un autre point des Etats-Unis , (dans l'Etat
d'Indiana ,) sa colonie communiste ou communautaire de
New-Harmony. Qu'en est-il résulté ? c'est que la communauté , le Communisme , n'a pas pu s'y maintenir.... Mais les
établissements ne se sont pas moins développés, enrichis ; et
la folie d'Owen a fini par peupler et mettre en valeur des terres jusque là incultes et désertes , par faire prospérer et rendre heureux (sans communisme,) des hommes jusque là misérables.

N'y a-t-il pas là un enseignement pour nous ?

Ne serait-il pas d'une saine politique , en même temps que
d'un sens juste et humain, de chercher de l'espace, de procurer
des terres , de fournir un labeur assuré à ces hommes avides
de liberté , envieux de propriété , ambitieux de travail , plutôt que de se voir obligé à les contenir , à les réprimer , par
les moyens les plus violents, les plus coûteux et en définitive
de l'efficacité la moins certaine ; car l'état de siège , la mi-
traille , la prison ou l'exil , sont des rigueurs dont on ne peut
toujours user; en tout cas, elles ne convertissent personne. La
colonisation , au contraire, aurait pour effet d'écarter d'abord
le danger , de satisfaire ensuite les mécontents et bientôt de
les ramener à des idées plus saines sur la théorie sociale.

Jusqu'ici , nous n'avons eu en vue que l'expansion de la population française ; mais cela ne saurait suffire. Il existe déjà entre la France et divers Etat limitrophes une espèce de solidarité sous le rapport de la population. Si la république se met en frais pour établir , par exemple , 50 mille ouvriers français au-delà des mers , et si le vide qu'elle aura voulu faire ainsi , se trouve immédiatement comblé par l'entrée en France de 50 mille ouvriers allemands , suisses ou savoisiens , l'effet désiré sera nul. Ce sera quelque chose d'analogue à l'histoire du tonneau des Danaïdes.

Or , le besoin d'expansion est plus senti encore dans d'autres États européens qu'en France même ; notamment en Allemagne , où il faut s'attendre à le voir se développer de plus en plus , soit que la révolution politique et sociale, tentée dans ce pays en 1848 , y fasse de nouveaux progrès , soit que le mouvement amorti s'y trouve quelque temps comprimé.

Cela étant , y aura-t-il lieu de proposer des mesures législatives pour repousser cette invasion pacifique de nos voisins ? Cherchera-t-on à mettre obstacle à l'établissement en France des travailleurs étrangers ? — Rien ne serait moins humain et , j'ose le dire , moins français. Il n'y faut pas songer.

Cependant la crise de 1848 a prouvé quel surcroît d'embarras peut quelquefois résulter , pour notre pays , de cette préférence que lui accordent les populations voisines. Il convient même de prévoir tel cas , telles circonstances , où cet entassement d'ouvriers étrangers serait encore plus lourd chez nous qu'en 1848. Il serait inutile et imprudent de se faire illusion sur un danger qui , selon toute apparence , doit aller en croissant pendant bien des années.

La conséquence de cette prévision , c'est que la France , qu'elle le veuille ou non , est tenue de frayer une issue , non-seulement à son propre surcroît de population , mais encore à celui des états voisins , dépourvus de colonies , qui le déversent habituellement chez elle.

Et si l'on réfléchit aux difficultés de cette situation , on reconnaîtra que le moment doit arriver tôt ou tard , et bientôt peut-être , où il n'y aura que deux moyens d'en sortir : un concert européen , ou la guerre.

Nous n'avons pas besoin de dire que nous préférerions avoir à chercher les conditions du premier de ces moyens , plutôt que d'avoir à former des prévisions sur les conséquences probables du dernier. Et cependant , si nous entreprenions ce travail , nous risquerions beaucoup plus d'être traité d'*Utopiste* , en proposant les moyens pacifiques de résoudre la question , qu'en fondant sa solution sur des probabilités de guerre. Tant l'entretien de grandes armées nous a accoutumés à regarder le canon comme l'*Optima ratio* ; tant l'emploi prépondérant de la force brutale , dans ces dernières années , nous a pénétrés de son efficacité supérieure !

Nous nous bornerons donc à quelques considérations générales , applicables à l'une comme à l'autre hypothèse.

—

Les seuls Etats de l'Europe qui possèdent de vastes terres incultes et fertiles , qui par conséquent seraient susceptibles de recevoir des colonies , sont l'Autriche , la Russie et la Turquie : l'Autriche en Hongrie , la Russie principalement dans ses provinces méridionales , la Turquie dans les provinces danubiennes et en outre dans l'Asie mineure.

Le régime turc , quoique amélioré , n'est pas encore assez civilisé pour attirer l'immigration spontanée des populations chrétiennes , à moins de garanties stipulées et de protection assurée par leurs gouvernements.

Le régime russe inspire encore plus de répulsion , et là l'intervention protectrice des gouvernements étrangers, en faveur de leurs nationaux émigrants , ne serait certainement pas admise.

Le régime autrichien n'était pas beaucoup plus séduisant ; à la vérité, cet empire vient d'éprouver une rénovation politique complète, du moins en apparence. Mais même en admettant que le changement de système gouvernemental y soit réel , les conflits multiples entre ses diverses nationalités semblent faits pour éloigner longtemps encore , du territoire hongrois , toute nouvelle immigration européenne.

A tout prendre , de ces trois États , la Turquie serait peut-être celui qui offrirait le plus de chances favorables à des établissements coloniaux. Malheureusement , les principautés danubiennes sont toujours sous le coup de la Russie menaçante et l'Asie-mineure est hors de portée.

Mais du moins , la Turquie se tient chez elle ! L'Autriche, au contraire, et surtout la Russie , non-seulement n'appellent pas à elles le trop plein des populations Occidentales , mais plutôt elles semblent les menacer constamment de quelque irruption. L'Autriche tient absolument à garder sous sa dépendance l'Italie, qui l'abhorre ; la Russie, toujours plus avide de l'empire Ottoman, qui l'exècre , pèse d'un poids chaque jour plus lourd sur l'Allemagne et sur le reste du continent, qui la méprise à titre de barbare.

Quant aux prétentions de l'Autriche, il est aujourd'hui bien démontré qu'elles ne peuvent se soutenir qu'avec l'appui de la Russie.

Les prétentions bien plus vastes de la Russie sont fondées sur une seule circonstance ayant de la valeur. Cet empire, faible et inférieur au reste de l'Europe sous une foule de rapports essentiels, est formidable par cela seul que *les moyens de subsistance* s'y développent aussi rapidement que la population, en d'autres termes que *le principe de population* agit sans obstacles en Russie (tout comme aux Etats-Unis).

Quand la Russie d'Europe sera entièrement peuplée, quand les moyens de subsistance n'y croîtront plus aussi vite que la population, c'est-à-dire quand la population commencera à s'y trouver à la gêne, alors commenceront de graves embarras pour son gouvernement..... Mais avant ce temps, la Russie a les moyens de peser sur l'Europe civilisée, comme autrefois les Barbares sur l'Empire Romain ; elle peut accroître sans cesse la gêne des Etats civilisés les plus pacifiques, en les forçant d'entretenir de grandes armées permanentes ; ou, s'ils se relâchent de la défensive, elle peut leur porter périodiquement la guerre dans toute sa brutalité; elle peut enfin, non pas éteindre, ni faire rétrograder la civilisation, mais la torturer et en retarder les progrès.

On nous opposera peut-être que cette conduite du gouvernement russe est d'autant moins probable, que ce gouvernement est essentiellement civilisateur en Russie. Oui, en Russie, nous le reconnaissons ; mais il ne l'est pas de même en Pologne, en Courlande, en Finlande ! Le système russe actuel consiste à réduire toutes les populations qui lui sont soumises *au niveau de la population moscovite*, en même temps qu'il s'efforce de civiliser celle-ci. Mais comme cette dernière partie de l'œuvre est de beaucoup la plus lente, (parce que ses moyens sont très-inférieurs à ses intentions,) il en résulte que ce système est odieusement compressif et qu'il mérite la qualification de barbare, partout où il touche à des dégrés de civilisation plus avancés que celui des Moscovites, lesquels, en qualité de serfs, sont au plus bas de l'échelle européenne. Ainsi le gouvernement russe peut bien se présenter comme un flambeau de civilisation chez les Kirguis, les Bachkirs et les Kalmouks ; mais lorsqu'il se tourne vers l'occident, il y apparaît entouré de ténèbres, ou de flammes dévastatrices.

Le Mahométisme fut aussi un progrès, un puissant élément

de civilisation pour les Arabes et pour cent peuples de l'Orient; cependant, quand les Turcs envahirent l'Empire Grec , ils y détruisirent fatalement une civilisation infiniment supérieure à celle de Mahomet !

C'est quelque chose de semblable que la Russie est en voie de préparer à l'Europe centrale et occidentale.

Toutefois la civilisation offre dé grandes ressources et les Nations Allemande et Française ne sont pas encore énervées comme l'étaient les Grecs du Bas-Empire , lors de l'invasion des Turcs. — Il y a aussi chez les peuples Slaves un feu qui couve bien lentement , mais qui ne s'éteint pas. De quoi peut rêver l'esclave ou le serf , si ce n'est d'affranchissement et de liberté !

Quoi qu'il en soit , il semble qu'il n'y ait de garanties de sécurité pour l'Europe civilisée , que dans le désarmement de la Russie et dans l'occupation de ses provinces sur la mer Noire , encore dépourvues de population , par des Colonies d'Européens civilisés , qui seront sans doute des Allemands , comme les plus à portée.

Par quelque moyen que cette œuvre doive s'accomplir ; que ce soit par l'effet d'un concert européen , ce qui est peu problable , ou par suite d'un mouvement intérieur de la Russie , ce qui , avec le temps , n'est pas impossible , ou par l'effet d'une guerre européenne , ce qui est beaucoup plus à craindre , il est évident que la question étant résolue sur ce point , se trouvera résolue simultanément en Autriche et en Turquie.

Les populations allemandes, descendant le Danube , pourront s'établir sur ses deux rives , dans les plaines de la Hongrie et jusqu'à l'embouchure du fleuve , c'est-à-dire dans les deux principautés. — Delà s'étendant par la Bessarabie sur le littoral de la Mer Noire , elles couvriront d'une population laborieuse, intelligente et morale , ces Steppes fertiles et aujourd'hui presque désertes , où quelques colonies allemandes , attirées et protégées par une impératrice (la veuve de Paul 1er), ont déjà formé des espèces d'Oasis. Ainsi l'Europe centrale ira *faire son pain* dans ces contrées d'où elle tire aujourd'hui le blé , en temps de disette...

Les établissements à former dans l'Asie mineure semblent devoir être plutôt le lot des populations riveraines de la Méditerrannée et de l'Adriatique.

Puis un jour , ces deux séries de colonies pourront se rencontrer dans cette région où les anciens ont placé le berceau de l'espèce humaine, entre le Caucase et le Taurus : elles marcheront alors de concert vers la Perse et l'Asie centrale , où tant de terres fertiles appellent encore la culture, où de si beaux climats éclairent des populations si barbares et si misérables. Oh ! oui, il y a encore de la place dans le monde, pour ceux qui sont à la gêne et qui ont faim ! Oui, l'espèce humaine peut encore croître et multiplier sans contrainte !

Pourquoi donc notre âge a-t-il été appelé à voir la Vapeur remonter le cours des fleuves et sillonner les mers malgré vents et marées ? Pourquoi, toujours plus rapide, s'élance-t-elle à travers les plaines et pénètre-t-elle dans les flancs des plus épaisses montagnes ? Pourquoi la pensée humaine a-t-elle trouvé le secret de se manifester d'un bout du monde à l'autre, aussi promptement qu'elle a été conçue ? Pourquoi tous ces miracles, si ce n'est pour que l'homme puisse se répandre au loin sur le globe, pour que la distance ne lui fasse pas obstacle, pour que la patrie ne lui semble nulle part trop lointaine, pour que l'éloignement ne le prive pas de tout contact avec ceux qui lui sont chers ?

Et ces nouveaux moyens de locomotion, de communication, ne sont plus comme jadis le privilége de quelques-uns. La population d'une ville entière peut aujourd'hui se déplacer plus aisément qu'autrefois une seule famille. Désormais, les peuples peuvent voyager.

La civilisation reprendrait ainsi vers l'Orient cette même route que suivirent jadis, en sens inverse, les invasions des Barbares, depuis les Scythes jusqu'aux Turcs. L'Europe rendrait à l'Asie ce surcroît de population qu'elle en reçut dans les premiers âges. Mais l'Occident, lorsqu'il portera la conquête dans l'Orient, ne traînera pas après lui le meurtre et la dévastation ; il y entrera suivi des arts de la paix, il y rapportera la science et la culture intellectuelle, en même temps que le bien être matériel.

Là nous paraît être le germe de la *future politique Européenne*. L'Europe aujourd'hui se porte évidemment vers l'Asie et l'Afrique. Les populations chrétiennes refoulent l'Islamisme.

L'Espagne qui s'est longtemps reposée après avoir expulsé les Maures de ses royaumes, semble s'apprêter à les poursuivre dans le Maroc. La France, qui donna le premier signal des Croisades, s'établit définitivement en Algérie. L'Italie, quand elle sera libre, se portera à son tour sur Tunis et Tripoli.

La Grèce ressuscitée n'aspire qu'à reprendre la domination de l'Archipel ; elle n'ose encore élever son ambition jusqu'à Constantinople...

Les diverses routes de l'Inde que les Turcs avaient fermées il y a quatre siècles, commencent à se rouvrir. (1)

Il s'agit désormais de porter sur ces routes, non plus seulement des voyageurs isolés on des caravanes, mais des populations entières.

La deuxième moitié du XIXe siècle est sans doute destinée à voir s'accomplir cette œuvre, digne des efforts réunis des premières nations de l'Europe.

Et quand ce vaste et noble but aura été compris et popularisé, le Monde saura à quoi doit servir la *fusion Européenne*, que Charlemagne et Napoléon ont rêvée et où ils ont échoué, dont la Sainte-Alliance fut la parodie plutôt que le programme, et dont la réalisation est réservée sans doute à la Confédération des peuples civilisés.

---

(1) Les routes d'Europe en Asie sont au nombre de six ou sept:

1°. Celle de l'Isthme de Suez et de la Mer rouge est déjà pratiquée: elle fera bientôt oublier la voie du Cap de Bonne-Espérance et rendra à la Méditerranée une importance toujours croissante.

2°. Celle de l'Euphrate et du Golfe persique a été essayée et pourra servir de supplément à la première.

3°. Constantinople transporte désormais ses caravanes en *bâteaux à vapeur* jusqu'à Trébisonde ; d'où elles se rendent à travers le Taurus en Arabie et au Golfe persique.

4°. La plus belle route d'Europe en Asie, du moins pour l'Europe centrale, celle du Danube, de la Mer Noire et de la Géorgie, se trouve encore fermée, non plus par le fait des Turcs, mais par le fait de la Russie et la connivence de l'Autriche, gardienne infidèle de cette belle voie naturelle de l'Allemagne vers l'Orient. La Russie n'en fait pas usage, mais elle empêche l'Allemagne d'en user.

5°. La Crimée et le littoral Oriental de la Mer Noire (passage naturel de la Pologne vers l'Orient,) appartiennent exclusivement à la Russie. Malgré la lutte persistante dans le Caucase, c'est cette route que la Russie exploite principalement pour son commerce et sa politique asiatique.

6° et 7°. Les deux seules lignes véritablement Russes sont, 1°. celle qui par le Volga et la Caspienne conduit, par caravanes, en Tartarie et en Bouckarie ; 2°. Celle qui par Orenbourg et Tobolsk, à travers la Sibérie, conduit en Chine et au Kamchatka.

On voit que la lutte devra tôt ou tard s'engager, entre l'Allemagne et la Russie sur cette question du Danube, bien autrement intéressante pour les peuples Germains, que la question du Rhin.

FIN.

POST-SCRIPTUM.

La publication du *Rapport sur l'assistance publique* , de l'honorable M. Thiers , survenue pendant que notre travail *était sous presse* , nous met dans le cas d'y ajouter les explications suivantes :

Quelques unes des conclusions générales de ce remarquable Rapport se trouvent conformes, sur certains points, avec plusieurs des propositions que nous avons nous-même formulées, bien que nous soyons parti d'un point de vue essentiellement différent de celui de l'illustre Rapporteur.

Tout en nous félicitant de cette coïncidence , en vue du succès d'autant plus probable des mesures proposées , nous ne voudrions pas encourir le reproche de plagiat , parce qu'il ne serait pas mérité. En effet il nous serait facile d'établir au besoin , par témoignages irrécusables , que notre travail était entièrement terminé et *le manuscrit livré à l'impression* , à Avignon, antérieurement à la publication et au dépôt du Rapport à l'Assemblée législative ; et que nous n'y avons fait , depuis lors , *ni changement* , *ni addition* autre que le présent Appendice. (1)

Du reste , l'ensemble de nos *moyens d'exécution* diffère , aussi essentiellement que notre point de départ , du système général d'assistance produit par la commission. C'est ce que reconnaîtront certainement les lecteurs qui auront suivi avec quelque attention le lumineux rapport de M. Thiers et notre modeste écrit.

Ce sont même ces différences que nous éprouvons le besoin de justifier , bien plutôt que les points de coïncidence ; nous le ferons aussi brièvement que possible.

1. M. Thiers établit *en principe* que l'Etat ne doit rien , et que ce qu'il veut bien faire en faveur des classes souffrantes

---

(1) Notre plan général d'assistance se trouvait d'ailleurs consigné dans une lettre adressée , le 9 juillet 1849 , à la chambre de Commerce d'Avignon.

est un pur effet de ce que l'on appellerait , chez un individu
bienfaisant , bonté de cœur ou charité. — Nous avons pensé,
au contraire , que cette assistance est un devoir pour l'Etat ;
et nous invoquons , à l'appui de ce principe , l'article VIII du
Préambule de la Constitution , où il est dit que « La Républi-
« que *doit* , par une assistance fraternelle, assurer l'existence
« des citoyens nécessiteux , soit en leur procurant du travail
« dans la limite de ses ressources , soit en donnant , à défaut
« de la famille , des secours à ceux qui sont hors d'état de
« travailler. »

2. Le Rapport passe en revue les besoins du pauvre aux
diverses époques de sa vie , et énumère les nombreux établissements institués jusqu'ici, par la bienfaisance publique, pour
satisfaire à ces besoins. Il reconnaît cependant l'insuffisance
de ces institutions et propose divers moyens de les développer et de les completter. — Selon nous , il ne suffit pas d'é-
tendre et de multiplier ces établissements ; il convient surtout de les *spécialiser* autant que possible , comme cela se
pratique en Angleterre et même quelquefois chez nous. (1)
Nous croyons que l'état moral et politique des Classes pauvres,
en France, réclame impérieusement cette transformation du
caractère de *bienfaisance publique et générale* , attribué jusqu'à présent à nos hospices , asiles et maisons de secours , en
un caractère de *fondations* créées pour l'utilité *spéciale* de telle
association , ou de tel groupe d'associations. Ainsi , l'ouvrier
qui n'aura pu s'assurer une pension de retraite , obligé de
recourir à l'un de ces établissements , s'y trouvera presque
chez lui ; car il aura concouru à sa fondation il y rencontrera
surtout des compagnons de ses travaux. Il ne sera certes pas
dispensé de toute reconnaissance envers la société , qui aura
elle-même contribué à la fondation ; il lui devra au contraire,
une reconnaissance plus particulière , car le bienfait ne l'aura
pas atteint au hasard , il aura été dirigé à son intention ; la
société aura fait cela par un sentiment de justice et de bien-
veillance pour lui et pour le groupe de travailleurs auquel il
appartient. — C'est là , à notre avis , ce qu'il peut y avoir de
réalisable dans le rêve des *Invalides de l'industrie.*

3. Quant aux travaux à réserver par l'Etat pour les temps
de crise, nous avouons n'avoir pas compris pourquoi l'hono-

---

(1) Nous citerons , comme exemple , l'Hospice Breuzin, fondé il y
a quelques années à Garches , près Paris , et l'Hospice Isnard , à Avi-
guon , qui n'est encore qu'en projet.

rable Rapporteur a vu dans cette mesure le germe d'une institution nouvelle, ou seulement l'occasion de créer une nouvelle *division*, près de tel ou tel ministère. — A coup sûr, personne ne supposera chez M. Thiers l'intention de créer un *Ministère du Progrès*, ni même une *division* de *l'Organisation du travail*! Nous espérons en tout cas, que cette mesure des réserves publiques, (y compris celles des départements et des communes,) n'entraînera aucune augmentation du personnel des Administrations centrale ou locales, et n'empêchera même pas de le réduire.

—

4. La Commission n'a pas cru pouvoir imposer une retenue *obligatoire* sur les salaires des ouvriers, ni exiger des patrons un versement correspondant dans la caisse des associations. Ce scrupule l'a condamnée à ne produire qu'un plan d'assistance incomplet, privé de sa principale valeur économique et politique. Quant à nous, si nous n'avons pas hésité à proposer cette double mesure, c'est que nous avions lu, dans le Préambule de la Constitution, Art. VII : « Les ci-
» toyens.... *doivent s'assurer*, par le travail, des moyens
» d'existence, et *par la prévoyance*, des ressources pour
» l'avenir ; ils doivent concourir au bien être commun en
» *s'entraidant* les uns les autres.... »

Nous croyons fermement que les conclusions de la Commission à cet égard auraient été tout autres, si elle eût été composée, au moins en partie, d'industriels (1). Maintenant, la sous-commission chargée de préparer un projet de loi sur les sociétés de secours mutuels, aura à peser les considérations suivantes :

La retenue *obligée* sur les salaires d'ouvriers (au dessus d'un certain minimum), n'est possible qu'à la condition d'un versement correspondant des patrons ; et *peut-être* cette contribution des patrons ne sera-t-elle jugée admissible que moyennant la concession faite à ceux-ci du dégrèvement de la patente. Mais ce dégrèvement ne serait applicable ni aux grands établissements privilégiés, ni aux banques et banquiers, ni aux commerçants proprement dits, (négociants, marchands ou débitants.) Elle n'aurait lieu qu'en faveur des manufacturiers, fabriquants et artisans. D'un

---

(1) Il est vraiment regrettable que la majorité, ayant à résoudre une question intéressant principalement l'industrie, n'ait choisi presque que des hommes de loi, de science ou de lois ir, pour composer cette Commission de 30 membres. — Le Ministre du Commerce, M. Lanjuinais, semblait avoir mieux posé la question, en adressant sa circulaire du 26 juin 1849, à toutes les chambres de commerce et des Manufactures.

autre côté , l'établissement général des associations ou corporations proposées ne pourra être pratiqué que graduellement et exigera sans doute plusieurs années pour se compléter.

Le déficit produit au budget des recettes , par ce dégrèvement éventuel de la patente , serait donc d'abord assez limité et s'opérerait assez lentement pour que l'on pût atteindre , sans gêne notable , l'époque où l'Assemblée aura introduit , dans les dépenses publiques , des réformes et des économies plus que suffisantes pour compenser ce déficit.

Du reste, ni les Sous-commissions ; ni la Commission , ni l'Assemblée , ne parviendront à organiser l'assistance publique en la développant, sans qu'il en résulte quelque charge pour l'État ! Or , nous osons affirmer que notre système est *le seul* qui puisse permettre d'établir une organisation *complète* , au moyen de charges comparativement modérées et ne dépassant , en aucun cas , les ressources du pays.

---

5. Le Rapporteur s'est appliqué, avec un soin particulier, à démontrer l'impossibilité d'établir une Caisse générale de retraite pour 30 millions de travailleurs ; et certes son immense talent n'était pas nécessaire pour faire ressortir ce qu'il y a d'impraticable dans un pareil projet. Mais nous doutons que personne l'ait jamais conçu , et il semble qu'en adoptant ce chiffre , de 30 millions d'hommes à pourvoir sur 36 , la Commission ait exagéré la difficulté comme à plaisir , de peur de paraître vouloir l'éluder. Rien n'indique de la part des populations agricoles , le besoin , ni la prétention d'obtenir des institutions de secours , semblables à celles que réclament les ouvriers des villes. Or , les laborieux calculs du rapport auraient été appliqués à des données dix fois moindres , qu'ils seraient encore suffisamment concluants ! Il est seulement à regretter que M. Thiers ait négligé de signaler le grave inconvénient d'établir de semblables calculs sur des *moyennes*, telles que celle des salaires, qu'il trouve de 1 fr. 50 c., précisément le chiffre auquel nous avons pensé que la retenue serait impraticable. Il serait certes bien superflu de rechercher si ce chiffre est trop haut ou trop bas ! Il est évident qu'en pareille matière, le calcul sur les moyennes ne peut amener *à aucun résultat pratique.* Il s'agit sans doute , de *généraliser* une mesure utile; mais si on veut éviter les écarts des utopistes , il faut prendre les travailleurs tels qu'ils sont, c'est-à-dire *différant* selon les lieux , selon les diverses industries , selon les aptitudes , selon

les besoins ; il faut donc ne pas prétendre assimiler de telles diversités. Il faut laisser les plus favorisés se créer des pensions de retraite ; ceux d'une position moyenne fonder des asiles spéciaux ; ceux enfin de la position la plus désavantageuse se borner à des fondations partielles, collectives, ou même à utiliser les établissements publics déjà existants. Les premiers ne sauraient prétendre à des subventions prises sur les fonds communaux, départementaux ou de l'Etat ; les suivants n'y auront droit que dans une mesure restreinte ; les derniers y puiseront le plus souvent ; et c'est ainsi que la société s'efforcera d'égaliser leurs conditions, *autant que possible !*

Une association de 30 millions d'individus !... Cet énoncé suffit pour indiquer une impossibilité ; tous les calculs qui suivent étaient parfaitement inutiles.

Mais au lieu de 30 millions d'individus, n'ayez à opérer que sur 3 millions, ou même, si vous le voulez, sur 5 à 6 millions ; et au lieu d'une seule association, admettez en 20 mille, et, s'il le faut, 40 ou 60 mille ! grandes ou petites ; groupées suivant les lieux et les conditions diverses ; chacune d'elles opérant avec une certaine uniformité, dans une tendance commune, mais sans enchevêtrement, sans lien nécessaire autre que la surveillance générale de la commune, du département ou de l'Etat. Admettez chez toutes la liberté d'action qui existe dans tout établissement industriel, l'esprit d'émulation et de concurrence, la publicité des opérations.... Dès lors, rien d'impossible ; rien que de praticable, d'analogue à ce que nous voyons tous les jours et partout. — On peut concevoir la création d'un *nombre indéfini* de machines de la force de 5, 10, ou de 50 et 100 chevaux. Jusqu'à présent, nul n'a pu raisonnablement imaginer une force de 50 ou de 100 mille chevaux, distribuée par un moteur unique. — Dans un autre ordre d'idées, c'est ce que les économistes ont appelé la *division du travail.*

—

6. Une autre cause qui parait avoir singulièrement contribué à faire reculer la Commission devant le système de *retenue obligatoire* aux ouvriers, c'est l'embarras qu'elle a prévu, pour l'Etat, de cette masse annuellement accumulée de fonds dont il aurait à disposer. — A cet égard, nous avouons n'avoir pas la moindre inquiétude. A la vérité, nous n'admettons pas le total de la commission (450 milions,) puisque nos propositions ne s'appliquent qu'aux ouvriers des manufactures et des arts mécaniques et laissent en dehors ceux de l'Agriculture.

Les sommes annuellement produites ou recueillies par l'ensemble des corporations ne s'élévèront donc pas, probablement, à la moitié ou même au tiers de ce chiffre ; mais ce n'est pas là ce qui nous rassure, et nous ne demanderions pas mieux que de pouvoir compter sur ce magnifique total de 4 à 500 millions ! — D'abord, une partie sera consommée à mesure de production, pour ce que nous avons appelé les *besoins urgents*. Une autre partie sera assez rapidement absorbée par les dépenses de *fondations*, (asiles, hospices, retraites, etc.) Il ne restera donc qu'une troisième portion, qui probablement ne constituera pas *le tiers du total*, dont le placement pourrait offrir, nous ne dirons pas quelques embarras, mais quelque incertitude.

Admettons néanmoins qu'il y ait à disposer, chaque année, de ce chiffre d'économies, qui semble avoir terrifié la Commission, 450 millions !

Quoi ! c'est l'énormité de ce chiffre qui vous effraye, ô financiers, qui vous débattez si laborieusement contre le déficit ! Une Classe de français aurait à placer 450 milions par an, et vous reculez d'effroi à cette pensée, vous qui hésitez, d'un mois à l'autre, à émettre un emprunt de 200 millions...! — « Mais, dites-vous, l'Etat n'aura pas toujours besoin » d'emprunter, et vous le soumettriez à l'obligation de rece- » voir 450 millions par an ; en 12 ou 13 ans, la totalité de » votre dette publique actuelle aurait changé de mains. » — Le grand malheur, en vérité ! Voyons-en donc les conséquences : les 450 millions d'épargne annuelle de la Classe ouvrière seront passés *dans la rente ;* c'est-à-dire que, les capitalistes qui la possèdent aujourd'hui en seront sortis. Eh bien, ces capitaux, qui seront rentrés dans les mains de la *classe actuelle des capitalistes*, en échange de leurs inscriptions de rentes, croyez-vous que ces capitalistes en seront embarrassés ? Doutez-vous qu'ils trouvent à les employer utilement ? Est-ce que les banques, les diverses industries, manufacturière, commerciale et agricole, ne leur offriront pas de moyens de placements ? Ou, pensez-vous peut-être que toutes les branches de l'industrie française regorgent de capitaux et se refusent à en admettre de nouveaux ? Les chemins de fer, les mines, les canaux, tant de grandes entreprises encore incomplètes, ou non encore commencées, n'offriront-elles pas un débouché suffisant à cette accumulation de capitaux, qui vous épouvante ? — Il suffit de poser ces questions, pour les résoudre.

Ainsi l'on admettra que, si les fonds économisés par la Classe des travailleurs passent dans la rente, les porteurs actuels de rentes trouveront de leur côté un placement certain de leurs capitaux réalisés. Eh ! pourquoi donc les associations ouvrières ne trouveraient-elles pas elles-mêmes à opérer ces placements, directement, sans passer par la rente ? Pourquoi les économies de 100 ouvriers, équivalentes à l'épargne d'un seul propriétaire ou capitaliste, ne se placeraient-elles pas de même ?

Non, non ; ce n'est pas là qu'est la difficulté. On a évalué le revenu annuel de toute la France à 14 ou 15 milliards, si je ne me trompe. En est-elle donc embarrassée ? Puisse-t-il être doublé et nul ne s'en plaindra, pas même ceux qui placeront leur argent à 1 ou 2 °/₀ de moins par année !

Décidément, la Commission s'est trop préoccupée de refuter en détail un système évidemment absurde, et il est à regretter qu'elle n'ait pas abordé la question par son côté pratique. Le système de centralisation absolue des économies de la Classe ouvrière ne méritait pas tant d'honneur ; oserons-nous nous flatter que le nôtre appellera, à son tour l'attention des sous-commissions ? Nous n'en désespérons pas, car nous avons foi à la pureté d'intentions et à l'impartialité de tous les membres de la commission, sur cette question importante. Et pour éviter le reproche d'avoir proposé nous-même un ensemble de mesures trop absolu dans sa généralité, nous nous bornerons à demander qu'il soit procédé, par voie d'essai, à l'exécution de notre plan, de manière que la formation des corporations (sans rien changer à nos conditions d'organisation ,) soit d'abord facultative et ne devienne *obligatoire pour toutes les Catégories* d'ouvriers des villes , qu'après un certain laps de temps , pendant lequel on aura vu fonctionner celles qui auront été d'abord établies. Ainsi le gouvernement d'une part , et de l'autre les ouvriers et patrons , auront pu se convaincre des avantages de cette organisation , avant de la généraliser.

A. P.

* 9 7 8 2 0 1 1 7 6 9 1 4 5 *